ドラッカーの警鐘を超えて

坂本和一

東信堂

まえがき

二〇世紀の「知の巨人」といわれたピーター・F・ドラッカーは、二〇〇五年に没するまでの九五年間の生涯の文筆活動で五〇冊に及ぶ著書を刊行し、さらに夥しい数の論文、エッセイを『ハーバード・ビジネス・レヴュー』や『ウォールストリート・ジャーナル』をはじめとする世界の有力誌紙上に残した。

この長く多彩な著述活動と教育活動、経営をはじめ多方面にわたる社会論評活動を通して、世界の広範の人々に影響を与え、また多様な角度から高い評価を得た。その中でもっとも広く知られているのは「マネジメントを発明した」という評価であろう。ドラッカーが没した直後、『ビジネス・ウィーク』誌は彼の逝去を追悼するカバーストーリーの表題を「マネジメントを発明した男（THE MAN WHO INVENTED MANAGEMENT）」とした。

「マネジメントを発明した」と評されることから当然のことであるが、ドラッカーはマネジメントの実践に関わる数々の教訓を私たちに残した。実際にマネジメントに携わる者には、その一つひとつが今日でも心に重たく響く価値をもっている。

しかし、マネジメントの実践にとどまらず、ドラッカーはこれからの時代を生きる私たちに求められるものの見方や視野、思考方法や行動様式など、広範、多岐にわたる知的財産を残した。
このようなドラッカーの残した膨大な知的財産を単純明瞭に要約することは容易なことではない。

私はその一つの方法として、ドラッカーが私たちに残した「警鐘」に着目した。本書は一九四〇年代から始まり没するまで続いた著述・評論活動の中でドラッカーが残した、ドラッカー自身の思考と行動の背骨をなすと考えられるいくつかの警鐘を取り上げる。そして、それらを私たちがどのように超えようとしてきたか、またそのような社会の努力を通してドラッカーはどのような成果を世に残すことになったのか。このことをあきらかにしてみようと考える。

ここで取り上げるのは、以下のような四つの警鐘である

(1) 「すでに起こった未来（The Future that has already happened）」を認識せよ。

(2) 経営政策は常に陳腐化のおそれがある。

(3) 経営危機は「事業の定義」を疑え。

(4) 公的サービス機関のイノベーションを進めよ。

ドラッカーの残した警鐘がこの四つに限られているというわけではない。ドラッカーには大小様々にたくさんの警鐘が残されている。ドラッカーの残した教訓は角度を変えてみればすべて私たちに対する警鐘であるともいえる。しかしここでは、敢えてこれらの四つに焦点を当て、そこ

からドラッカーの思考と著述の真髄を探ってみようと思う。

これらのうちで、ドラッカーの思考と著述を考える上で特別に重要な意味をもっているのは、

(1)「すでに起こった未来」を認識せよ、という警鐘である。

ドラッカーが「すでに起こった未来」というコンセプトを明示的に登場させたのは、一九九三年の著書『すでに起こった未来』(原著名は、*The Ecological Vision*)の終章に収録された「ある社会生態学者の回想」であろう。この論文でドラッカーは、自らを「社会生態学者」であるとした上で、社会生態学者の仕事を次のように述べている。

「重要なことは、『すでに起こった未来』を確認することである。すでに起こってしまい、もはや戻ることのない変化、しかも重大な影響力をもつことになる変化でありながら、まだ一般には認識されていない変化を知覚し、かつ分析することである。」(Drucker, 1993: 邦訳、三一三〜四頁)

たしかにドラッカーがこのことを明示的に表現したのは、一九九三年の著書においてである。しかし、ドラッカーの著述・評論活動を振り返ってみると、一九三〇年代からずっと「すでに起こった未来」を確認する作業で一貫していたのを知ることができる。

ドラッカーは、一九三〇年代と四〇年代前半のあの暗いナチズム、ファシズムの時代、しかも未曾有の経済大不況の最中に、企業と経営者が主導する、新しい「自由で機能する産業社会」の到来という「すでに起こった未来」を認識した。その中で、組織社会と組織のマネジメントの重要性を

誰よりも早く世に問うた。

さらにドラッカーは、一九五〇年代後半から六〇年代に、一方で戦後技術革新と新産業の隆盛が続き、他方で米ソ冷戦の下で資本主義と社会主義の優位性争いが熾烈に展開されていた時代に、時代の「断絶」(「断絶の時代」の到来)を説き、資本主義、社会主義を超える新しい「知識社会」の到来という「すでに起こった未来」を認識した。そしてこのような新しい社会における組織の重要な役割として、イノベーションの重要性を説いた。

ドラッカーの思考と著述の営みをたどってみると、様々なレベルで「すでに起こった未来」の認識がみられる。ある意味では、ドラッカーの思考と著述は、「すでに起こった未来」の認識で貫かれているともいえる。しかしそれらの中で、何といっても大きな位置を占めるのは、一つは新しい「自由で機能する産業社会」の到来であり、もう一つは「断絶の時代」と「知識社会」の到来の認識であった。そしてこれらの二つの「すでに起こった未来」の認識は、ドラッカーの果たした二大発明、「マネジメントの発明」と「イノベーションの発明」につながった。

社会生態学者は「すでに起こった未来」を認識する。ここにドラッカーの神髄がある。ここにこそドラッカーを解く鍵があるというのが、私のドラッカー論の基本視点である。

本書の最初の三つの章、1、2、3は、このドラッカーにおける「すでに起こった未来」の認識と、ドラッカーの果たした二大発明、「マネジメントの発明」と「イノベーションの発明」についてあきらかにする。

本書4章、5章は、「マネジメントの発明者」として現代の経営政策のもっとも根幹に関わる二つの警鐘、(2)経営政策は常に陳腐化のおそれがある、と(3)経営危機は「事業の定義」を疑え、について、ドラッカー自身が関わった現実に即して考える。

(2)経営政策は常に陳腐化のおそれがあるという警鐘は、ドラッカーのマネジメント研究の最初の書、一九四六年の『企業とは何か』に始まる。この著書は周知のように委嘱されたGMの内部調査にもとづくものであるが、その中でドラッカーは戦後の来るべき産業社会での企業のあるべき姿を問うた。その中で、調査を委嘱したGMの総師アルフレッド・P・スローンと評価が決定的に別れたのは、経営政策のいわば賞味期限の問題であった。ドラッカーは同書の中で、「経営政策は常に陳腐化のおそれがある」とし、スローンの考えと決定的な違いを浮かびあがらせた。この違いは、考え方の違いを超えて、GMという米国を代表する企業の行く末にも大きく影響することになった。

4章は、一九八〇年代以降のGMの経営の帰趨を通して、経営政策は常に陳腐化のおそれがあるというドラッカーの警鐘の意味を考える。

もう一つ、(3)経営危機は「事業の定義」を疑え、という警鐘も、今日の経営政策を考える上で必須の課題となっている。ドラッカーがこの警鐘をまとめて明確に打ち出したのは、『ハーバード・

ビジネス・レヴュー』一九九四年九・一〇月号で発表された論文「企業永続の理論」においてである。この論文でドラッカーはＧＭとＩＢＭという当時米国を代表する二大企業を事例にとり、このテーマを論じたが、時あたかも米国経済は一九九〇年代初頭の不況下にあり、ＧＭもＩＢＭも史上まれにみる経営不振に陥っていた。これらの企業に対してドラッカーは、一時しのぎの取繕い策ではない、「事業の定義」の再構築、「事業の再定義」をせよと訴えた。しかし、その後の二つの企業の対応は別れた。――事業を再定義して抜本的改革に踏み切ったＩＢＭと、抜本的改革に踏み切れなかったＧＭ。この事例は、理屈は分かっても実際の「事業の再定義」の実践がいかに難しいものかをリアルに教えてくれる。

５章は、ＧＭとＩＢＭの事例を通して、経営危機は「事業の定義」を疑えというドラッカーの警鐘の実践的意味を考える。

６章は、(4)公的サービス機関のイノベーションを進めよという警鐘を、具体的に大学という公的サービス機関を舞台に、筆者の実践経験にもとづいて検証する。

今日、日本の大学はかつてない大きなイノベーションの課題を抱えている。一八歳人口の減少の下での大学経営や「教育の質保証」システムの確立、厳しさをます国際競争環境の下での日本の大学教育の国際通用力の構築など、大課題の解決を迫られている。ドラッカーが警鐘する通り、日本の大学は今まさに積極的なイノベーションを進めなければならない。本書で紹介する筆者自身の経験が、読者にとって何かの参考になれば幸いである。

以上、ドラッカーが生涯の著述・評論活動を通して私たちに残した警鐘の主要なもののいくつかを抽出して、その意味やそれに応えようとする努力と成果などについて、歴史的、具体的にみてみた。またそれらを通して、ドラッカー自身の著述・評論活動に生涯一貫していたものは何かを考えてみた。このようなドラッカー論は、一般にみられるドラッカー自身の著作内容の理論化や教訓化とは、少々趣を異にするものとなっているかも知れない。しかし、ドラッカーを論ずる場合、このようなドラッカー自身の生きた時代の状況と照らした、いわば歴史論的なドラッカー論があってもよいのではないかというのが筆者の立場である。これもドラッカーの「もう一つの読み方」だと認めていただければこの上なく幸いである。

本書ができあがるについては、ドラッカー学会の皆さんにたいへんお世話になった。本書に収録した論文の原形はいずれもドラッカー学会年報『文明とマネジメント』誌に掲載していただいたものである。その過程では、学会代表の上田惇生先生はじめ多くの学会員の方々から貴重なご教示をいただいた。この場を借りて、改めて感謝を申し上げたい。

学術書の出版状況がたいへん厳しい中、『大学のイノベーション』(二〇〇七年)でお世話になった東信堂にふたたび刊行をお引き受けいただいた。同社代表取締役社長下田勝司氏の御厚誼に心よりお礼申し上げたい。

二〇一一年八月

坂本和一

ドラッカーの警鐘を超えて／目次

2.「マネジメント」はいかにして「発明」されたか……43
——経営者権力の正統性と「マネジメントの発明」

ドラッカーの警鐘を超えて

1.「すでに起こった未来」を認識せよ
――「社会生態学者」ドラッカーの二つの「発明」

ドラッカー『すでに起こった未来』原著表紙（Tranaction Publishers 社版）

「ここにおいて重要なことは、社会生態学者の仕事は、すでに起こってしまった変化を確認することだということである。社会、経済、政治のいずれの世界においても、すでに起こった変化を利用し、機会として使うことが必要である。

重要なことは、『すでに起こった未来』を確認することである。すでに起こってしまい、もはやもとに戻ることのない変化、しかも重大な影響力をもつことになる変化でありながら、まだ一般には認識されていない変化を知覚し、かつ分析することである。」

「社会生態学者の目的は、単なる知識の獲得ではない。その目的とすることは、正しい行動である。そのような意味において、社会生態学は、医学、法学、あるいは自然生態学と同じように実学である。その目的は、継続や維持と、変革や創造のバランスを図ることである。動的不均衡状態にある社会をつくることである。そのような社会のみが、真の安定性を保ちうる。そして、結合力をもちうるのである。」（Drucker, P. F., 1993A, *The Ecological Vision*: 邦訳『すでに起こった未来』ダイヤモンド社、一九九四年、三一三、三一九ページ）

はじめに――「社会生態学者」ドラッカー

ピーター・F・ドラッカーは「マネジメントの発明者」と呼ばれ、経営学者、企業戦略評論家として高く評価された。また、「企業社会を発明した思想家」とも呼ばれ、時代の新しい動きを先駆的に嗅ぎ取る優れた文明評論家として大きな足跡を残した。そのような社会の認識に先駆けた次時代の動向を鋭く世に問うたことから、未来学者の一人として紹介されることもあった。

しかし、ドラッカー自身は、自らを「社会生態学者」と呼ぶことを好んだ。彼は一九九三年の自著『すでに起こった未来』の中で、「私は、しばしば未来学者と呼ばれる。しかし、もし私が絶対にそうでないもの、あるいは社会生態学者がそうであってはならないものを一つあげるならば、それは未来学者とよばれることである」(Drucker, 1993A: 邦訳、三一三ページ）と述べ、社会生態学者が未来学者といかに違うものであるかを強調した。

こうしてドラッカーは社会生態学者と自称したが、社会的には「社会生態学」とか「社会生態学者」というコンセプトはまだ必ずしも普及したものではない。もとより「生態学（ecology）」という学問領域は、生物としての人間と環境の相互関係を研究する領域として、自然科学ではすでに確立したものとなっており、「生態学者」という存在も今日では社会的に広く認知されている。

これに対して、ドラッカーのいう社会生態学という領域は社会的にはまだ一つの学問領域として認知されたものとはなっていない。しかし、人間と環境との相互関係を研究する学問領域を一般的に生態学というとすれば、人間は、生物的存在であると同時に、なによりも社会的存在であるから、論理的にいえば、これまでの自然界における生態学的認識の領域と並んで、人間社会における生態学的認識の世界があっても不思議はない。ドラッカーは、多分このことを社会的にアピールしたかったのであろうし、自分自身を社会生態学者と自称することを通して、この新しい学問領域の存在意義を世に先駆けて提起したといえるであろう。

1.「社会生態学者」の仕事とは何か

「すでに起こった未来」を認識せよ

それでは、ドラッカーのいう「社会生態学」とは何か。この方法はどのようなものか。

この点について、ドラッカーは著書『すでに起こった未来』(一九九三年)の最終章「ある社会生態学者の回想」の中で、まとめて述べている。この章はそれほど長いものではないが、ドラッカーが長い著作人生の終盤に立って、それまでの数々の名著をどのような問題意識の展開の中で書いたのかを簡潔にまとめていて、たいへん貴重なものである。

ドラッカーはこの章の前半で個々の著作が書かれた背景や問題意識を辿ったあとで、「社会生態学者の仕事」というセクションで、ドラッカー自身の仕事のスタイルを振り返っている。そこでは、ドラッカーの社会生態学者としての仕事のスタイルを反省すると同時に、それを通して、社会生態学というものの視覚や方法を簡潔に紹介している。

ドラッカーは、社会生態学者の仕事について、繰り返しきわめて単純明快に、「すでに起こった未来を確認する」ことであること、そしてそれを利用し、機会として使うことであると述べている。ドラッカーが社会生態学者の仕事として述べていることは、このことに尽きるといっても過言ではない。

社会生態学者の仕事とは何であり、何でなければならないか。あるいは少なくとも、自分にとっては何であるかということを、ドラッカーは次のように述べている。

「第一に、それは、『通念に反することで、すでに起こっている変化は何か』、『いま流行りの言葉で言うところの、パラダイム・チェンジとは何か』を問いつつ、社会とコミュニティを観察することである。

第二に、『その変化が一時的なものではなく、本当の変化であることを示す証拠はあるか』を問うことである。そして、それを知る最善の方法は、『その変化は何か結果をもたらしたか』、『何か世のなかを変えたか』を問うことである。

そして第三に、『もしその変化に意味と重要性があるのであれば、それはどのような機会をもたらしてくれるのか』を問うことである。」(Drucker, 1993A: 邦訳、三一七ページ)

ドラッカーがさらに社会生態学者の目的として強調していることは、それが単なる知識の獲得ではなく、正しい行動であるということである。ドラッカーはそのような意味で、社会生態学は、医学、法学、あるいは自然生態学と同じように実学であるという。またその目的は、継続や維持と、変革や創造とのバランスを図ることであり、動的な不均衡状態にある社会をつくることである、という(同上邦訳、三一九ページ)。

社会生態学の方法と特性

このような社会生態学は、どのような方法を必要としているのであろうか。

この点についてドラッカーは、「社会生態学は、分析することではなく、見ることに基礎をおく。知覚することに基礎をおく。社会生態学と社会科学との違いはここにある」(Drucker, 1993A: 邦訳、三二二ページ)と述べている。ドラッカーが、社会生態学を「体系」であり、「科学」であるとしなかったのはそれゆえである。

このような、「分析することではなく、見ることに基礎をおく」という社会生態学の方法は、実はドラッカーがすでに一九五〇年代末に、『変貌する産業社会』で明らかにしたポスト近代の思考様式の中に示されている。

ドラッカーは一九五七年に刊行した『変貌する産業社会』の冒頭第一章を「新しい世界観」と題

し、その中で、もっぱらデカルトを元祖とする「機械論的世界観」の批判を強烈な筆致で展開している。

ドラッカーは、「現代という時代に生きる最初の人間である我々にとって最大の問題は、基本的な『世界観』の変化である」(Drucker, 1957: 邦訳、一〇ページ)という。

「われわれはいまなお、過去三百年来の世界観を踏襲し、学校でもそれを教えている。しかしそれはもはや過去のものとされている。一方、新しい世界観にはまだ呼び名もなく、分析道具や研究方法、適当な用語もないありさまである。しかし『世界観』というものは、名前がなくとも経験として存在するもので、それはすでに美術活動や哲学的分析、専門用語の基礎となっている。しかも、われわれはすでにこの十五年ないし二十年ほどの短い間に、この新しい基本体系を体得してしまったのである。」(同上邦訳、一〇ページ)

近代ヨーロッパの世界観は、一七世紀フランスの哲学者ルネ・デカルトの世界観に立脚している。そのデカルトの世界観とは、一言で集約していえば、「全体は、その各部分によって構成された結果である」ということである。このような見方は、周知のように、宇宙の原理と秩序に関するもっとも基本的な公理を近代社会に与えることになった。

しかし今日、すべての学問は、自然科学、人文科学、社会科学を問わず、デカルトの公理やそこから派生した世界観とは相容れない考え方を基礎におくようになってきている、現代の学問の関心は「原因」から「結果」へと移行してきているとドラッカーはいう。

「すべての学問は、今日、その中核に『全体』という概念をもっている。この全体なるものは、部分部分から生ずる結果でもなければ、構成部分の総計でもない。またいくら各部分を確認し、認識し、測定し、予知し、理解し、さらには動かすことによっても、全体を確認することも、認識することも、予知することも、意味あるものとすることもできないのである。われわれの新しい時代の学問……（中略）の中心思想は、『類型』であり『形態』である。」（同上邦訳、一二～三ページ）

われわれはいま、静止状態にある物体の属性だけをみた古くさい機械論的な物の見方から、「成長」「情報」「生態」などのような普遍的な全体概念や過程を問題とする新しい物の見方に移りはじめている。われわれはいま、デカルト的世界観の全体と部分に関する概念をはじめ、機械論的因果律、惰性の公理などを放棄しようとしているという。

分析と因果律の発見に基本をおくデカルト的、機械論的な物の見方を超えて進み始めているという新しい物の見方、「普遍的な全体概念や過程を問題とする新しい物の見方」は、「分析することではなく、見ることに基礎をおく」という社会生態学の方法そのものに他ならない。

ドラッカーはさらに、社会生態学の特性について、次のような三つの点を指摘している。

第一は、「体系としての社会生態学は行動にかかわる」ということである。つまり、社会生態学は「実学」であるということである。知識とは、それ自身が目的ではなく、行動の道具だからだという。

第二に、「社会生態学は価値から自由ではない」ということである。それは、分析にもとづく「科学」以上に、社会を観察する社会生態学者の価値観によって左右されることは避けられない。

そして第三に、社会生態学の体系の基本は、「責任への信奉、能力にもとづく権威への信奉、そして人間の心への信奉である」という。つまりそれは、「力への信奉ではない」ということである。

「機械論パラダイム」から「生物論パラダイム」へ

「社会生態学」の方法としてドラッカーが説いた「機械論」的な物の見方からの脱却は、さらにその後、知のパラダイムの転換、知の「機械論パラダイム」から「生物論パラダイム」への転換として一般に論じられるようになった。その脈絡の中では、ドラッカーのいう「社会生態学」の発想は、まさに来るべき「生物論パラダイム」を先導するものであった。

ところで、知の「機械論パラダイム」から「生物論パラダイム」への転換とは何か。

このような知のパラダイムの転換は、今日、さまざまな学問分野の専門研究が進展してきている。たとえば、一九九三年日本総合研究所でまとめられた『生命論パラダイムの時代』(ダイヤモンド社)は、「人類史的な解決課題」、具体的には地球環境問題のような「地球規模の諸解決課題」や、人口高齢化問題のような「成熟社会の諸問題」をあげつつ、これらの諸課題の解決のためには一七世紀ヨーロッパでニュートンやデカルトによって確立された「機械的世界観」と「要素還元主義」を柱とする近代社会の知のパラダイム、知の「機械論パラダイム」は限界に遭遇しているという。

ここで「機械的世界観」のもつ限界とは、「全体を分割するたびに、大切な何かが失われていく」という問題である。生物の解剖と同じように、「全体は部分へと分割することはできるが、一度分解した部分を再び組み合わせても、元通りの全体に復元することはできない」のである（日本総合研究所、一九九三年、一六〜八ページ）。

もう一つ、「要素還元主義」の陥りがちな誤りとして、「対象を要素に還元し、分析していく際に、必ず『重要ではない』と考えられる要素を捨て去っていく」ことがあげられる。その際の「落とし穴」は、対象を要素に還元する際、「重要」と「非重要」の判断基準はあくまでも一つの仮説に過ぎないのであるが、一旦ある仮説が採用されて要素還元がすすむと、それが絶対に正しいという幻想が形成される危険があるということである（同上書、一八〜二〇ページ）。

このような「機械的世界観」「要素還元主義」に伴う落とし穴、「機械論パラダイム」の限界についての認識は、先に紹介したドラッカーの指摘と共通である。

それでは、「機械論パラダイム」に代わってどのような知のパラダイムが可能なのか。いまこれに代わって、登場しているのは、「生命論パラダイム」と呼ぶべき新しい知のパラダイムである。

この「生命論パラダイム」とは、どのようなものか。それは、「生命的世界観」と「全包括主義」を両輪とする知のパラダイムである。

それは第一に、世界を「巨大な機械」とみる「機械的世界観」から、世界を「大いなる生命体」とみる「生命的世界観」への転換である。近年、「組織」「社会」「都市」「企業」などを、さらに「地球」「宇宙」そのものを、一つの「生命体」とみなす発想が拡がっている。これはその一例である。さらに、「宇宙」を「生命体」とみる考え方は、「世界のすべてに仏性が宿る」という仏教思想にも通ずるものがある。こうして、「生命論パラダイム」には、最先端の「科学技術」と、三〇〇〇年の長い歴史をもつ「東洋思想」との融合による新しい世界観の可能性もみることができる。

第二に、それは「要素還元主義」から「全包括主義」への転換である。『生命論パラダイムの時代』は、「全包摂主義」による世界認識の方法として、次のような三つの原理をあげている。

(1) 世界における多様な諸要素をいずれも排除することなく受容・包摂し続ける「コスモロジー原理」

(2) フィールドにおける対象の生きた姿に直接的に関わり、体験し、体感することにより、対象の本質と全体像を把握する「フィールドワーク原理」

(3) 世界を構成する諸現象に含まれるメタファー（隠喩）を解読することにより、世界の本質と全体像を認識する「メタファー原理」

しかし、「全包括主義」を指向するこれら三つの世界認識の方法は、従来の「要素還元主義」による世界認識の方法に代替するものではない。それと相互補完しつつ、より高次の世界認識方法を創造しうると考えるのが妥当であろう。

いずれにしても、ドラッカーが提起した「機械論的世界観」の限界と超克という問題は、今日、「機械論パラダイム」から「生物論パラダイム」へ、という知のパラダイム転換のレベルの論議に具体的に展開してきているのである（同上書、二二～五ページ、三二～七ページ）。

2. ドラッカーは、どのような「すでに起こった未来」を発見したか

「社会生態学者」は「すでに起こった未来」を認識する。ここにドラッカーの神髄がある。ここにこそドラッカーを解く鍵があるというのが、私のドラッカー論の基本視点である。

それでは、ドラッカーは実際にどのような「すでに起こった未来」を発見したであろうか。

「すでに起こった未来」を知覚するという営みは、二一世紀の今、まさに私たちに求められている。二一世紀を迎えて今日、一九世紀、二〇世紀を支配してきた産業の仕組みやその前提となってきた技術の性格、ビジネスのモデル、そして社会の仕組みや人々の価値観が大きく変わる様相を見せている。そして何よりも、そのような、いわば新しい文明を主導する地球上の先端地域がこれまでのヨーロッパ、アメリカからアジア太平洋地域、アジア・インド洋地域に遷移しつつあるようにみえる。しかし、その中で具体的にどのような技術、産業、ビジネス、経済システム、社会

組織、人々の価値観などの新しいパラダイムが動き出しているのか、まだ誰も定かには掴みあぐねている。

今日の私たちがこのような課題に挑戦するためにも、ドラッカーのみた「すでに起こった未来」をもう一度振り返ってみることは価値のあることであろう。

かつてドラッカーは、一九三〇年代と四〇年代前半のあの暗いナチズムと全体主義の時代、しかも未曾有の経済大不況の最中に、企業と経営者が主導する、新しい「自由で機能する産業社会」の到来という「すでに起こった未来」を認識した。その中で、組織社会と組織のマネジメントの重要性を誰よりも早く世に問うた。

さらにドラッカーは、一九五〇年代後半から六〇年代に、一方で戦後技術革新と新産業の隆盛がみられ、他方で米ソ冷戦の下で資本主義と社会主義の優位性争いが熾烈に展開されていた時代に、時代の「断絶」を説き、資本主義、社会主義を超える新しい「知識社会」の到来という「すでに起こった未来」を認識した。そしてこのような新しい社会における組織の重要な役割として、イノベーションの重要性を説いた。

ドラッカーの思考と著述の営みを辿ってみると、さまざまなレベルでの「すでに起こった未来」の認識がみられる。ある意味では、ドラッカーの思考と著述は、「すでに起こった未来」の認識で貫かれているともいえる。

しかしそれらの中で、何といっても大きな位置を占めるのは、一つは新しい「自由で機能する産業社会の到来」であり、もう一つは「断絶の時代」と「知識社会」の到来の認識であった。これらの二つの「すでに起こった未来」の認識は、ドラッカーの果たした二大発明、「マネジメントの発明」と「イノベーションの発明」につながった。

(1)「自由で機能する産業社会」の到来
——ナチズムとの闘いに「自由で機能する産業社会」の到来を見る：「すでに起こった未来」認識の原点

ドラッカーが「すでに起こった未来」を認識する「社会生態学者」として誕生する原点は、ナチズムとの闘いであった。この闘いの

ドラッカー『経済人の終わり』『産業人の未来』原著表紙
（いずれも Tranaction Publishers 社版）

中で、ドラッカーは「自由で機能する産業社会」の到来を読み取り、それを確信した。ナチズムの破綻を見通し、新しい社会秩序、新しい「産業社会」の到来を予測した一九三九年の『経済人の終わり』、一九四二年の『産業人の未来』は、ドラッカーが「すでに起こった未来」を認識した最初の記念碑であった。ここで打ち立てられた社会考察のスタンスがドラッカー一生の思考の営みの原点となった。

自分の足で立つ人間を目指して

ドラッカーは一九〇九年、オーストリア・ハンガリー帝国の首都ウィーンで生を授かった。父親は高級官僚（後に銀行の頭取、大学教授を勤める）、母親はオーストリアで初めて医学部に入学した女性という、典型的なエリート一家であった。政治家、学者、芸術家など華やかな人々が訪れ、自宅はちょっとした知的サロンになっていた。イノベーション思想の生みの親、シュンペーターも客の一人であった。

ドラッカーが育ったのは、ヨーロッパが暗い時代につき進んでいった時代であった。五歳の時に第一次世界大戦が勃発し、八歳の時に祖国は分割された。多くの国が戦争により膨大な数の人間を失い、国土は荒廃した。インフレやモノ不足で経済は混乱した。社会主義、資本主義、全体主義など、国のあり方をめぐって世界は揺れ動いていた。自宅のサロンでも、こうしたことが日常的に話題になり、子供だったドラッカーの耳にも、その一端は聞こえていた。

生涯にわたり、人間の幸福と社会システムについて考え続けたドラッカーの精神的背骨は、このような時代背景と家庭環境で育まれた。

ドラッカーは中高一貫の進学予備校ギムナジウムを卒業すると、一九二七年、大学への進学を望む父アドルフの期待を振り切って、ハンブルグで貿易商社の見習いになった。しかし父を安心させるために、同時にハンブルグ大学の法学部にも入学した。しかし一年余りのハンブルグ滞在中に一度も講義に出なかった。

ドラッカーは翌々年、ハンブルグからドイツ金融の中心地フランクフルトに移り、そこで米国系投資銀行へ証券アナリストとして就職し、同時にフランクフルト大学法学部に編入した。フランクフルト大学では、助手をしながら、一九三一年国際法の博士号を取得した。

こうしてドラッカーは、大学には在籍したが、商社や証券会社などの社員として働きながら大学に在籍した。このような生活ぶりであったから、学業に割く時間は足りなかったはずだが、ドラッカーは在学中には指導教授の代講を頼まれるほど優秀であった。またジャーナリストとしてもさまざまな雑誌や新聞から執筆を依頼されるなど、その才能を評価されていた。

ドラッカーの育った家庭環境で、彼ほど才能があれば、社会的地位が高い学者への道をまっすぐに進むのが順当だろう。それをせずに、あちらこちらに寄り道しているのは、既存のフレーム、価値観が崩れ去るのを目のあたりにして、何かに頼らず自分の足で立つ人間になることの大切さを自覚していたからに違いない。

実際、ドラッカーは終生、そうした姿勢を貫き通した。ドラッカーの仕事は、広い意味でマネジャーを育てることであり、大学教授もコンサルタントも評論家も、いずれも彼の活動のほんの一部を占めるに過ぎなかった。

ナチズム、ファシズムの挑戦

一九三三年一月、ドイツではヒトラー政権が誕生した。ドイツが大きくファシズム全体主義に傾いていこうとしていたその頃、ドラッカーは、ジャーナリストとして「ひとかどの人間」となるために全体主義を否定するユダヤ系哲学者フリードリッヒ・シュタールについての著書を出版しようとしていた。出版されれば、間違いなく危険人物だと目されるだろう。ドラッカーは出版直前にドイツから脱出した。予想通り、著作は発禁処分になった。

ドラッカーがまず移住先に選んだのはロンドンだった。ケインズが『雇用、利子及び貨幣の一般理論』のアイデアを温め、スターへの階段を上りはじめていた頃である。

ドラッカーは、保険会社で産業分析をしたり、投資銀行でアナリストとして働く傍ら、ケンブリッジ大学の聴講生としてケインズの講義を聴いた。

しかし、金とモノで世界を分析する経済学は、経済至上主義を否定し、人間の幸福を考えるドラッカーの肌にあわなかった。アナリストとしてマネーゲームの片棒をかつぐことにも嫌気がさしていた。ドイツ時代に証券会社で暗黒の木曜日に見舞われ、数学による理論の限界を痛感した経験も影響したのかもしれない。

一九三七年、ドラッカーは、新しい何かを求めて米国に向かった。

米国で新聞などに寄稿しながら、一九三九年、経済至上主義に絶望してファシズムに走った大衆の心を分析することで、ファシズム全体主義の起源を明らかにした処女作『経済人の終わり――全体主義の起源』を上梓した。本書が上梓されたのは一九三九年であったが、書き始めたのは一九三三年、ヒトラーが政権を取った日の数週間後であったと、「一九九五年版のまえがき」で述べている。さらに一九四三年には、ナチズム、ファシズムの崩壊後に、新しい産業社会の到来を見通した『産業人の未来』を著し、多くの企業人の読者の支持を獲得した。

ドラッカーの事実上の処女作といえる『経済人の終わり』と『産業人の未来』は、ドラッカーがナチズムの崩壊と新しい「自由で機能する産業社会」の到来という、当時の「すでに起こった未来」を認識した最初の記念碑であった。ここで打ち立てられた社会観察のスタンスがドラッカー一生の思考の営みの原点となった。

「自由で機能する産業社会」の到来とはなにか

それでは、「自由で機能する産業社会」の到来とはなにか。

ドラッカーは、そもそも社会というものが機能するためには、二つの条件が必要だと考えていた。第一は社会を構成する一人ひとりの人間に人間としての自立した位置と役割を与えるということである。第二は、その社会を支配する権力が正当性をもたなければならないということである。

このような観点からみたとき、ドラッカーが母国を脱出し、米国に渡った当時のヨーロッパ社会がおかれていた状況は、次のようなものであった。

第一に、経済社会はすでに一九世紀の状況から大きく変容し、流れ作業ラインが支配する大量生産工場が社会の物質的基盤になっていた。また、株式会社が代表的な社会的機関となり、産業社会が到来しつつあった。

しかし第二に、こうして到来しつつある産業社会が自由な社会として機能する条件を未だ整えていなかった。まず産業社会の核心である企業で働く一人ひとりの人間に対して、自立した人間としての位置と役割が与えられていなかった。さらに、産業社会ではすでに企業内では経営者が実際の権力をもって支配していたが、この経営者の実質的な支配に対して社会的な「正当性」が確立していなかった。一九世紀の産業化前の社会では、権力の基盤となっていたのは個人の財産権であったが、二〇世紀の企業社会の支配者、経営者の権力は個人の財産権の裏付けをもっていなかった。

これらのことは、ドラッカーの社会の定義からすれば、産業社会が未だ「自由で機能する産業社会」として確立しているとはいえないものであった。

当時ドラッカーが直面していた社会的危機は、企業が社会の基本単位となっているにもかかわらず、それが未だ社会制度として確立されるに至っていないという事実に起因しているというのがドラッカーの理解であった。

ドラッカーは、「企業社会は、企業が自らの成員に対し、社会的な位置と役割を与えるときにのみ機能する。そして企業内の権力が、その成員による責任と意思決定を基盤とするとき、産業社会もはじめて自由な社会となる」(Drucker, 1942: 邦訳、二八七ページ)といっている。

「自由で機能する産業社会」は実質的にすでに到来している。その発現を拒んでいる制約をいかにして打破して、真に「自由で機能する産業社会」を確立するか。ドラッカーは直面するナチズムとの社会的な闘いをこのように位置づけていた。

ドラッカーは、「われわれに残された道は二つに一つしかない。社会として機能する産業社会を構築するか、それとも自由そのものが無秩序や圧制のうちに消え去るのを座視するか、いずれかである」(同上邦訳、一一八ページ)、「自由で機能する社会が可能となるのは、この全体主義化と社会解体への趨勢を食い止めることができたときだけである」（同上邦訳、二六五ページ）と、産業社会の構築を目指す悲壮な闘いの覚悟を吐露している。

ドラッカーにとって「すでに起こった未来」としての「自由で機能する産業社会」は、ただ手を拱いて到来するものではなく、ナチズム、ファシズムとの壮絶な闘いの暁にみえる展望であったのである。

ナチズム、ファシズムへの勝利と「自由で機能する産業社会」の到来
——経営者権力の「正統性」を求めて

世界はナチズム、ファシズムとの闘いに勝利し、第二次世界大戦は終焉した。ドラッカーがナチズムとの闘いの中で読み取った「すでに起こった未来」は現実のものとなった。

ただそれは、正確にいえば、現実のものとなる必要条件を確立したということを意味した。ナチズム、ファシズムとの闘いに勝利したことは、「自由で機能する産業社会」が実現するために絶対に必要な条件であったが、それだけでは必ずしもそのような社会が実現するとはいい切れなかった。十分条件の実現が必要であった。

それは何か。ドラッカーの社会理論からすれば、社会の権力には「正統性」の確立が必要であった。「正統性」なき社会的権力は永続性をもちえないものであった。後にドラッカーは、次のよう

にいっている。

「いかなる社会的権力も正統でないかぎり永続することはできない。企業における権力も、広く認められた正統性を基盤としないかぎり、消えざるをえない。そのような権力は、中央政府によって容易に奪われる。政府がそれを欲するからではなく、国民が要求するからである。」(Drucker, 1942: 邦訳、一一七ページ)

産業社会ではすでに企業の経営者が社会の実質的権力を手に入れていた。しかし、一九世紀からの伝統的社会規範からすれば、社会的権力は個人の財産権に帰属していた。これに対して企業の経営者は、財産権に基盤をもっていなかった。彼らは株式会社の巨大化と株式の分散化を背景にして、財産権なき支配力を確立していた。かつての小規模株式会社の時代に存在した個人の株主の権力は社会に前面から大きく後退していた。しかし、財産の拠出によって成り立つ株式会社には、依然として、財産権が存在していた。

このような状況の中で、経営者の権力はいかにしてその社会的「正統性」を主張しうるのか。これが、ドラッカーがすでに『経済人の終わり』『産業人の未来』を書き、産業社会の到来を確信した当初から頭を悩ませてきた問題であった。

ナチズム、ファシズムとの闘いに勝利し、「自由で機能する産業社会」の構築が現実のものとなったとき、改めてこの問題の解決に迫られることになった。

結論からいえば、この難問は、「マネジメントの発明」によって解決されることになる。この点については、次の章で改めて立ち入って説明する。

若者への警鐘

ナチズム、ファシズムとの闘いに勝利し、先進諸国で到来した「自由で機能する産業社会」は、戦後もはや盤石の社会秩序となったようにみえた。戦後復興を遂げ、経済成長に邁進する先進諸国では、もはやナチズム、ファシズムの復活などという社会的反動が起こりうるとは誰も予想しない状況が生まれていた。

「しかし、本当に大丈夫だろうか。」

ドラッカーは、戦後二〇年を経過した一九六〇年代末、「プラハの春」に始まり先進国世界の若者、学生社会を席巻した反社会運動の中で、改めて「自由で機能する産業社会」に対する危機を感ずることになった。

著書『経済人の終わり』の「一九六九年版まえがき」には、その心情が切々と訴えられている。

「本書が世に現れて以来、三〇年代のファシズム全体主義を理解し説明しようとする試みが行われていないもう一つの理由は、おそらくそれが必要ないと思われたからである。われわれは、あの特殊な病に対しては免疫があり、もう罹るはずがないと考えている。」(Drucker, 1939: 邦訳、二七八

ページ）

「しかし、本当に大丈夫だろうか。全体主義がわれわれを再び襲い、圧倒することを予感させる兆しはないか。確かに今日の問題は、二〇年代や三〇年代の問題とは大きく異なる。現実の世界も大きく異なる。しかし、今日の状況に対するわれわれの反応は、ヨーロッパをファシズム全体主義と大戦に放り込むことになった『大衆の絶望』に不吉なほど似ている。」（同上邦訳、二七九ページ）

そして、「私は何よりも本書が、今日の若者が、彼らの理想主義、世界の惨状に対する純粋な悩み、よりよき明日への希求の念を、三〇年前の人たちのように全体主義の絶望に向けてではなく、建設的な行動に向けて解き放つうえで役にたつことを願っている。」（同上邦訳、二八一ページ）

ドラッカーのこの心情は、「自由で機能する産業社会」の構築は絶えざる闘いなしにはありえないのだということを訴えているようである。

(2)「継続の時代」に「断絶」をみる

戦後世界は、とくに先進諸国では、一九五〇年代後半から六〇年代に入ると、戦後復興を遂げ、新しい経済成長の時代を迎えていた。戦後の技術革新と新産業の隆盛がそれを支え、この勢いは景気変動を伴いつつも、二一世紀に繋がる趨勢のようにみえた。しかし他方では、米ソ冷戦の下で資本主義と社会主義の優位性争いが熾烈に展開され、人々の関心は両体制の行方に集まっていた。

この時代の最中に、ドラッカーは、一九六八年『断絶の時代』を刊行して、時代の「断絶」、「断絶の時代」の到来を説き、資本主義、社会主義を超える新しい「知識社会」の到来を世に示した。これがドラッカーの「すでに起こった未来」の第二の大きな認識であった。

この時ドラッカーが認識した「断絶」は、四つの分野にわたった（『断絶の時代』の「まえがき」を参照）。

第一、「新技術、新産業が生まれる。今日の重要産業や大事業が陳腐化する。」

第二、「世界経済が変わる。」「すでに世界経済はグローバル経済になっている。」

第三、「社会と政治が変わる。いずれも多元化する。」

第四、「最も重要なこととして、知識の性格が変わる。すでに知識は、中心的な資本、費用、資源を意味するようになった。」

「継続の時代」は終わった——イノベーションと企業家の時代（第Ⅰ部「企業家の時代」を参照）

戦後世界は、政治、経済、社会、文化、世界観など、二〇世紀前半を支配したものが大きく転換した。人々は皆、そう感じていた。とくに経済は、戦後大きく変化したと感じていた。

しかしドラッカーの見方は、違った。「政治、科学、世界観、慣習、芸術、戦争は変化した。しかし最大の変化があったとされている領域が、この五〇年間最も変化しなかった。それが経済だった。」これがドラッカーの戦後復興を経た一九六〇年代の時代状況をみる目であった。「たしかに戦後の経済発展は急速だった。だが、それは第一次大戦前産業によるものだった。」これが、ドラッカーの時代認識であった。

一九六〇年代の米国、ヨーロッパ、日本の経済は、一八八五年から一九一三年の間の延長上にある。確かに、テレビ、ジェット飛行機、抗生物質、コンピュータなど、二〇世紀初めに馴染みのなかったものがたくさん現れている。しかし、産業構造と技術は基本的に一九一三年とさして変わっていない。

このような歴史認識から、ドラッカーは次のようにいう。「この半世紀は継続の時代だった。それは実に、一七世紀の後半に貿易と農業が重要な存在となって以来三〇〇年間において、最も変化のない時代だった。」

その上で、ドラッカーは、「しかし今や、経済も技術も断絶の時代に入っている。われわれはこの時代をさらに偉大な発展の時代にすることができる。ここで明らかなことは、技術、経済政策、産業構造、ガバナンス(統治)、マネジメント、経済問題のすべてが、断絶の時代に入ったということである」という(以上、Drucker, 1968: 邦訳、六〜七ページ)。

経済史ですでに知られるように、一八五〇年から七〇年にかけての時代に、ヨーロッパ、米国を舞台に、経済を支える産業構造の中心はかつて産業革命をもたらした繊維、石炭、蒸気、機械工具などの産業から、鉄鋼、電気、有機化学、自動車などの新しい重化学産業に移行した。ドラッカーは、この一九世紀後半にできた産業構造が、今日（一九六〇年代に）、一〇〇年ぶりに再び、新しい技術、科学、論理、世界観にもとづく新しい産業に移行を始める。そこでは、労働のあり方も大きく変わり、肉体労働ではなく知識労働が中心となると述べている。

それでは、新しく産業構造の中心に登場してくる産業として、どのような産業が期待されたか。ドラッカーは、当時まだはっきりした形をとるに至っていないが、姿を現しつつあるものとして、次のような四つの新産業に注目した（『断絶の時代』第二章）。

・コンピュータの出現を契機としつつ、単なるハードウエアとしてのコンピュータを超える、ハードウエアとソフトウエアを統合する産業としての情報産業
・陸上の資源から解放されて進む、資源の宝庫としての海洋開発
・新素材の出現に止まらない、素材のコンセプトそのものが進化する素材産業
・これまでの発想の延長ではなく、創造的な解決が必要とされる、巨大都市の再開発

ここで重要なことは、新産業の出現をもたらす新技術は、科学的に、また社会的、経済的にこれまでのものとは全く違った種類のものであり、真の意味で革新的なものであるということである

とドラッカーはいう。

そしてそのような革新の方法として、「断絶の時代」における「イノベーションと企業家精神」の重要性を説いていく。

「グローバル化の時代」――多国籍企業からグローバル企業へ（第Ⅱ部「グローバル化の時代」を参照）

ドラッカーが第二に注目したのは、経済のグローバル化、グローバル経済の登場であった。それまで経済は主権国家を単位とし、国々は互いに貿易を通して関わりをもつという国際経済を前提として成り立ってきていた。このような国際経済の下では、それぞれの国が固有の慣習や価値観、嗜好、情報をもつ市場を展開し、それぞれが独立した存在であった。ただそれらが主として貿易によって互いに関わりをもち合っていた。しかし、一八世紀に誕生し、二〇世紀が始まるころには世界を覆うことになったこのような国際経済とは異質の世界経済が、いまや世界に広がりつつあるとドラッカーはみた。

今日では、各国の人々がもっているもの、欲しがっているものに違いがなくなっている。違いは、どれだけ多くもっているか、どれだけ多く買えるかである。貧富の差はあっても、世界中が同一のコミュニティに属するようになっている。これはまさに世界経済のグローバル化であり、いまや世界経済は古い国際経済からグローバル経済の時代に入りつつあるというのがドラッカーの世界経済観であった。

このような経済グローバル化の先導役を果たしていたのがグローバル企業の台頭であった。二一世紀の今日では当たり前のことになっているが、ドラッカーはこのような企業が、世界全体を一つの経済単位とみなし、その中からより高い利益と業績をあげられる国を選んでビジネスを展開する実態に注目した。ＩＢＭやＧＥはドラッカー自身がコンサルタントなどを通して関係の深い企業であったが、それは当時もっとも先進的なグローバル企業であった。

とはいえ、これらの企業も未だ、今日みるようなグローバルな発想とグローバル化した経営システムを備えたものというには遠かった。当時、このような先進的な企業は「多国籍企業」といわれて、ようやく社会の注目を引きつつあった。しかしそれは、先進的なものといえども本国を中心に、外延的に国境をこえて経営を拡大していくという、国際化型の企業であった。それはまだ、世界全体を一つの経済単位とみなしたビジネスモデルといえるものではなかった。しかしドラッカーは、本国中心の国際化型の発想の先に、すでに今日のグローバル化型の経営モデルが世界経済を支配するという未来、「すでに起こった未来」を読んでいた。

ドラッカーは、経済のグローバル化とともに、国家間、文明間に所得と発展機会の格差化が進み、富める国々と貧しい国々との深刻な対立が生まれるという、新しい問題の発生も見逃さなかった。そしてそのような問題に対応するための既存の経済学や経済政策はすでに無力になっており、その革新が必要となっていることを指摘した。

このような指摘は、二一世紀の今日では珍しいことではない。しかしこれが、一九六〇年代、すでに半世紀前に指摘されていたことに価値がある。しかもこの指摘は、今日に至っても解決されているわけではない。


「多元化の時代」――政府の役割の限界と再民営化、非営利組織（NPO）の時代（第Ⅲ部「組織社会の時代」を参照）

ドラッカーが第三に注目したのは、組織の多様化と権力の分散という、社会多元化の現象であった。

二〇世紀に入って以降、私たちの社会では政府に加えて、企業、大学、病院、労働組合などのような、多様で大きな組織の存在は当たり前のこととなった。そこでは、国防、行政、教育、医療、知識探求、生産と流通、サービス提供、労働者の権利擁護など、あらゆる社会的な課題が永続的な存在として組織され、専門家によってマネジメントされるようになった。こうして、組織の多様化と同時に、それぞれの組織の担うべき機能・権力の集中化と組織自体の大規模化が大きく進んだ。それは組織社会の出現として、これまで多くのことが語られてきた。そしてそれは、現代およびこれからの社会の変わらざる特徴と理解されてきた。

しかしいま起こっているのは、これまでのこのような組織社会に「断絶」が起こりつつあるというのがドラッカーの認識であった。

それは、これらの大組織がすでにその社会的な機能を十分に果たせなくなっており、さらに組織の多様化と権力の分散化が必要になり、それが進み始めているということである。

その最大の問題は、政府の問題であった。「政府に対する幻滅は、国境を越え、イデオロギーを越えた」「この政府への幻滅こそ、今日の最も深刻な断絶である」とドラッカーはいう（以上、Drucker, 1968: 邦訳、二一七ページ）。

政府への幻滅の最大の原因は、それが成果をあげていないことである。そしてその最大の幻滅は、「福祉国家の失敗」だった。「今日ではあらゆる国に、費用ばかりかかり、いかなる成果も上げていない政府活動が無数にある」が、その象徴的なものが福祉国家であったとドラッカーはいう。

それでは、この政府の失敗をどうするか。「われわれは、成果を評価し、昨日のものとなった仕事を体系的に放棄する仕組みを必要とする。」しかしそれでもなお、政府を行動の主体にすることはできないという。

そこでドラッカーがもち出すのは、戦後企業が蓄積してきた経験である。どのような経験か。それは「分権化」である。

しかし、政府活動における分権化とは何か。それは、実行の任を地方政府が担うという「連邦制」のことではない。それは、実施、活動、成果という実行に関わる部分は政府以外の組織が行うという原則のことである。そして、「この原則は、再民間化と呼ぶことができよう」とドラッカーは述べている。

手を広げすぎて弛緩し、機能不全になった政府を回復させるには、政府が請け負っている仕事の実行部分、すなわち政府現業部門を「再民間化」することであるというのが、ここでのドラッカーの主張であった。そしてこれが、それぞれがそれぞれの得意とするものに従事し、その成果によって評価されるという、新しい多元化社会を導くとドラッカーは見通した。

この再民間化のコンセプトは、『断絶の時代』発刊の一年後、ドラッカーの提案であることを明記して、英国の保守党サッチャー政権の基本施策の一つとなって実行されたことは知られている通りである（以上、第三章「政府の病い」を参照）。

一九七〇年代以降、環境問題や人間の生存・福祉などをめぐる大小、多様な課題が噴出する中で、政府の硬直化した活動様式はますます多様化する社会の課題に応えることができなくなり、その限界を露呈することになった。他方そのような社会的な解決課題は、利益を指標とする企業の活動で取り上げられることを期待できるものではなかった。こうした、政府の機能不全と企業活動の限界を埋める形でその存在を示すことになってきたのは、非営利組織、通称ＮＰＯの活動であった。政府活動からも企業活動からも漏れる、現代社会の解決課題を担うこのＮＰＯの活動の定着と拡がりは、ドラッカーのいう社会多元化の流れをさらに裏づけるものとなった（Salamon and Anheier, 1994: 邦訳『台頭する非営利セクター』一九九六年を参照)。

「知識の時代」――コンピュータの時代、大学ユニバーサル化の時代を迎えて(第Ⅳ部「知識の時代」を参照)

ドラッカーが「断絶」の第四として注目したもの、それは知識の性格の変化であった。そしてそれが、「断絶」のもっとも重要なこととした。「すでに知識は、中心的な資本、費用、資源を意味するようになった」とドラッカーはみたのである。その結果、経済は、第二次大戦までの財の経済から、知識経済へ移行したとドラッカーは認識した。

第二次大戦後、情報が果たす社会的、経済的な役割についての関心が急速に高まってきていた。その一つの重要な背景は、戦後間もなく社会に登場したコンピュータのインパクトであった。実際にそうなったのであるが、この革新的な情報処理機器はこれからの社会を大きく変化させていくだろうという予感を多くの人々に感じさせるものであった。

コンピュータの商品化は一九五一年、米国レミントン・ランド社がＵＮＩＶＡＣⅠというコンピュータを世に出し、その先陣を切ったが、パンチカード・システムのレンタル会社ＩＢＭ(インターナショナル・ビジネス・マシーンズ)が直ちにこれに追随し、たちどころにその主導権を握った。そして、ドラッカーが『断絶の時代』を準備していたのは、一九六四年発売した第三世代コンピュータ、ＩＢＭ３６０の成功によってコンピュータの革新的意味が社会的に鮮明に印象づけられていた、まさにその時期であった。

このような雰囲気の中で、ドラッカーは改めて、情報と知識の違いに言及した。

「情報は、何かを行うことのために使われて、初めて知識となる。知識とは、電機や通貨に似て、機能するとき初めて存在するという、一種のエネルギーである。したがって、知識経済の出現は、知識の歴史の中に位置づけるべきではない。それは、いかに道具を仕事に適用するかという、技術の歴史の中に位置づけるべきである。」(以上、Drucker, 1968: 邦訳、二七六ページ)

これに続けてドラッカーは、知識経済の知識は新しさ、古さには関係なく、実際に適用できるか否かに意味がある、重要なことはそれを使う者の創造力と技能にあると述べている。コンピュータ普及の次元での情報の意味とは別の、われわれの実際適用レベルでの情報の意味、つまり知識の役割を強調している。

ところで、『断絶の時代』が書かれる一九六〇年代は、先進諸国においては経済の高度成長を背景に大学進学率が高まり、大学の役割が大きく変化していく時代でもあった。大学が、限られた少数エリートの学問の場から、一般市民の知識習得の場へと大きく変化する時代であった。日本でも、一九五〇年代には一桁台だった大学進学率(短期大学を含む)が六〇年代には二〇%台に入り三〇%台に近づきつつあった。米国の高等教育論で著名なカリフォルニア大学バークレイ校教授マーチン・トロウがエリート型からマス型へ、さらにユニバーサル型へと、大学の変容をモデル化し始めるのはこの時期の状況を反映したものであった（Trow, 2000: 邦訳『高度情報社会の大学――マスからユニバーサルへ』二〇〇〇年、を参照）。

このような背景の下で、ドラッカーは、知識の意味合いの変化と、知識の創造を担う大学のあり方、教育の新しいあり方を問うた。

とくに大学のあり方について、ドラッカーは、「ようやく今日、知識とその探究が、専門分野別ではなく、応用分野別に組織されることが多くなった。学際研究が急速に進展し始めた」と述べた。そしてこれは、知識がそれ自体を最終目標とするものから、何らかの成果をもたらすための手段に移行したことの必然の結果であるとした。さらに、「やがて大学も、専門分野別ではなく、応用分野別に組織される。行政学ではなく、中国研究として組織される」と、大学の組織編成の将来に言及した（以上、Drucker, 1968: 邦訳、三五七ページ）。

当時このような示唆は、とくに伝統的な大学人にはかなり奇をてらった言説にも響いた。しかし、それから四〇年を経て二一世紀の今日の状況をみると、ドラッカーの示唆はその後の大学改革の方向を見事に先取りしていたのだと実感できる。それはまさに、大学における「すでに起こった未来」であったのである。

最後にドラッカーは、知識に携わるものの責任を強調した。「知識社会における最大の問題は知識あるものの責任である」と説いた。「権力と富には、責任が伴う。」知識に関わる者は、知識社会においては、まだ自覚していないかもしれないが、まさに「権力と富」への道を歩んでいるということを自覚しなければならない。このことは、教育、研究に携わる者はもちろんであるが、若者たちもまたそのような責任に直面している。これが、ドラッカーの知識社会への警鐘であった(以上、Drucker, 1968: 邦訳、三八〇〜八ページ)。

3.「発見」から「発明」へ

「すでに起こった未来」を認識するという営みは、二一世紀のいま、まさに私たちに求められている。今日の私たちがこのような課題に挑戦するためにも、ドラッカーのみた「すでに起こった未来」をもう一度振り返ってみた。

かつてドラッカーは、一九三〇年代と四〇年代前半のあの暗いナチズムとファシズムの時代、しかも未曾有の経済大不況の最中に、企業と経営者が主導する、新しい「自由で機能する産業社会」の到来という「すでに起こった未来」を認識した。その中で、組織社会の到来と組織におけるマネジメントの重要性を説いた。

さらにドラッカーは、一九五〇年代後半から六〇年代の時代に、一方で戦後技術革新と新産業の隆盛が進み、他方で米ソ冷戦の下で資本主義と社会主義の優位性争いが熾烈に展開されていた時代に、時代の「断絶」、「断絶の時代」の到来を説き、資本主義、社会主義を超える新しい「知識社会」の到来という「すでに起こった未来」の認識を世に示した。そしてこのような新しい社会における組織の重要な役割として、イノベーションの重要性を説いた。

ドラッカーの思考と著述の営みを辿ってみると、さまざまなレベルでの「すでに起こった未来」の認識にぶつかるが、それらの中で、何といっても大きな位置を占めるのは、これら二つの「すでに起こった未来」の発見であった。

これらの二つの「すでに起こった未来」の認識は、ドラッカー自身の思考の営みに改めて大きな挑戦の機会を生み出した。

一九三〇年代と四〇年代前半における「自由で機能する産業社会」の到来という「すでに起こった未来」の認識は、ドラッカーに、それを主導する新しい社会の支配者である企業経営者の権力がはたして社会的な「正当性」をもつのだろうかという問題に直面させた。伝統的な社会規範では権力は財産権によって裏づけられていた。しかし新しい社会の支配者である企業経営者は、もはや株式の所有者ではなく、単なる経営の専門家(プロフェッショナル)であった。彼らの権力は何ら財産権の背景をもっていなかった。彼らの実質的な権力は、企業規模の拡大に伴う株式の分散化によって決定力を有する支配的大株主がもはやいなくなったという消極的な背景によって支えられていた。

経営者権力の、このような消極的な存立基盤は、はっきり社会的に認知された規範として構築されなければならなかった。経営者権力の基盤は、もはや財産権ではなく、組織のマネジメント能力であった。この組織のマネジメント能力を客観的なものとして社会で認知させることが必要であった。それによって、マネジメント能力の権力としての社会的な正統性が主張できると考えられた。

ドラッカーは、『経済人の終わり』『産業人の未来』から、GMの社内調査を踏まえた一九四六年の『企業とは何か』を経て、一九五四年の『現代の経営』においてはじめてマネジメントの実践体系を理論化し、「マネジメントの発明」を果たした。企業と経営者が主導する「自由で機能する産業社会」の発見は、「マネジメントの発明」に繋がった。

さらに一九五〇年代後半から六〇年代における「断絶の時代」という「すでに起こった未来」の認識は、ドラッカーに、この時代の「断絶」は新しい社会の発展の機会であるということと同時に、そのような「断絶」をいかにして意識的に創出していけるのかという課題を提起した。「断絶」をつくり出すエンジンは、いうまでもなく社会のイノベーションであり、それを実際に演出できる企業家の存在であった。

イノベーションが社会発展の原動力であり、それにはどのような基本的な形があるかということは、すでに一九一二年にジョセフ・シュンペーターが「発見(discover)」していた(『経済発展の理論』)。しかし、それをいかに目的意識的に実行、実現するか、その実践体系は未だ「発明(invent)」されていなかった。

ドラッカーは「断絶の時代」という「すでに起こった未来」を認識することによって、それを自覚的に創出するエンジンとして、改めてイノベーションの実践体系の整備の必要に直面した。こうしてドラッカーは、一九六八年の『断絶の時代』を経て、一九八五年の『イノベーションと企業家精神』においてはじめてイノベーションの実践体系を理論化し、「イノベーションの発明」を果たすことになった。「断絶の時代」という「すでに起こった未来」の発見は、こうして「イノベーションの発明」に繋がった。

このような「マネジメントの発明」と「イノベーションの発明」が具体的にドラッカーのどのような思考の営みと、どのような実践の中から生まれたのかを、続く二つの章で明らかにする。

2. 「マネジメント」はいかにして「発明」されたか
——経営者権力の正統性と「マネジメントの発明」

ドラッカー『現代の経営』原著表紙（Harper&Brothers Publishers 社版）

「いかなる社会的権力も正統でないかぎり永続することはできない。企業における権力も、広く認められた正統性を基盤としないかぎり、消えざるをえない。そのような権力は、中央政府によって容易に奪われる。政府がそれを欲するからではなく、国民が要求するからである。」

(Drucker, P. F., 1942, *The Future of Industrial Man*: 邦訳『産業人の未来』ダイヤモンド社、二〇〇八年、一一七ページ)

はじめに

ドラッカーは「マネジメントの発明者」といわれ、一九五四年に刊行された『現代の経営』は「マネジメントの発明」の金字塔とされる。二〇〇五年一一月二八日号の*Business Week*誌は、同年一一月一一日九六歳で逝去したドラッカーを追悼したカバーストーリーの表題を「マネジメントを発明した男（THE MAN WHO INVENTED MANAGEMENT）」とした。

この章は、この「マネジメントの発明」に至るドラッカーの道のりを辿る。

経営者の支配に「権力の正統性」はあるのか

この道のりの根底にあったのは、産業社会の経営者支配に「権力の正統性」はあるのかという根源的な問いであった。

一九三九年刊行の処女作『経済人の終わり』と、それに続く一九四二年刊行の『産業人の未来』段階のドラッカーは、新しく浮上する産業社会の支配者が企業経営者であることを確認しつつも、彼らの支配に「権力の正統性」があるとすることを否定していた。

しかし、一九五〇年刊行の『新しい社会と新しい経営』に至り、ドラッカーは、経営者支配の「権力の正統性」を肯定的に評価する立場を打ち出すことになった。

ドラッカーは、『産業人の未来』の直後に経験したＧＭ（ゼネラル・モーターズ）の内部調査を踏まえて一九四六年に刊行した『企業とは何か』を境として、経営者支配の「権力の正統性」の評価をめぐって、否定から肯定へ、一八〇度の転換を果たした。

経営者支配の「権力の正統性」を否定する立場から、これを肯定する立場へのこの転換は、ドラッカーの理論的営みの方向に大きな影響を与えることになった。その集大成が一九五四年の『現代の経営』であり、その結果としての「マネジメントの発明」であった。

ドラッカーを「マネジメントの発明者」と命名した嚆矢《こうし》は、一九七六年、『ドラッカー：企業社会を発明した男（*Drucker: The Man Who Invented the Corporate Society*）』を著したジョン・J・タラントであろう。タラントは、同上書序文の中で、「ドラッカーは、本当の意味で、『マネジメント』という概念を考え出した（In a very real sense Drucker invented the concept of "management."）」と述べている。さらに、第八章「エグゼクティブ・ストレスの問題」の冒頭で、「現代のマネジャーなるものの『発明者（inventor）』として認め得る人物がいるとしたら、ドラッカーをおいて他にはない」と述べている。

また、一九九八年、『マネジメントを発明した男ドラッカー（*The World According to Peter Drucker*）』を著したジャック・ビーティは、その第六章を「マネジメントの発明（Inventing Managrment）」としている。

それでは、これらの論者はドラッカーによる「マネジメントの発明」の背景をどのようにみていたであろうか。

タラントのドラッカー評価

タラントは、この問題と新しい産業社会における経営者の「権力の正統性」の関連について、敏感な関心をもっていたことがうかがわれる。タラントは、「ドラッカーの出発点となっているのは、支配の正統性に対する基本的に保守的な関心である」とし、「いまの企業の権力は、明らかに、正当でない権力である。……（中略）このように主権者が正当でないのに、どうして、自由で思いやりのある産業社会が機能しうるというのか」（Tarrant, 1976: 邦訳、四二、四七ページ）と述べる。そのうえで、「ドラッカーは、この制度の支配的権力を、正当な権力にしなければならない、という。この原理は、明々白々である。だが、『その方法』は、おいそれとは、みつからないのである」（同上邦訳、四七ページ）という。しかし、「ドラッカーは、この新秩序の展開図の中で当然に踏むべき、次なる段階へと進む。マネジャーたちに、よりよく管理するための用具を提供する仕事に関心を集中しはじめるのである」（同上邦訳、五七ページ）と述べている。

もとよりここで「よりよく管理するための用具」とは、「マネジメント」の知的体系である。こうしてタラントは、ドラッカーが「マネジメントの発明」に至る背景を示唆している。

三戸公氏と井坂康志氏のドラッカー評価

日本で、ドラッカーにおける、経営者支配の「権力の正統性」についての認識の転換を、ドラッカーの企業観、産業社会観の進化として鮮明に問題にしたのは、三戸公氏であった。三戸氏はいう。

『新しい社会と新しい経営』では、前著であれほど経営者支配の正統性を問題にし、財産権＝所有権に立脚していない経営者支配を非正統な支配であると明言していたのに、この著作では経営者支配は非正統性の主張はすっかり影をひそめている。そして、経営者支配の正統性を前提とした議論を最終の「結論：自由な産業社会」と題する章で行っている。」（三戸公、二〇〇二年、二二五ページ。以上の引用を含む同上書Ⅳ章「コーポレート・ガバナンスとしての管理――P・F・ドラッカー」は、『中京経営研究』六巻二号、一九九七年、に「経営者支配の正統性」として発表されたものである。）

「ここでは、……（中略）所有にもとづく支配はむしろ既に実質的に正統な根拠を喪失している、と論じているのである。だが、これでは前著『産業人の未来』の所有者支配の正当性、経営者支配の非正当性の立論とは一八〇度の転回である。では何故、彼の言説の転回は可能であったのか。それは彼の企業観の変化、産業社会観の進化によるとみてよかろう。」（同上書、二五六ページ）

また近年、井坂康志氏が、ドラッカーの初期二著作『経済人の終わり』と『産業人の未来』にみられる思考様式とそれが後のマネジメント体系構築の思考にいかに連なるかを論じた論文の中で、経営者支配の「権力の正統性」の認識が思考の中心軸としての役割を果たしたことを綿密にあきらかにしている。井坂氏はこの点を、次のように述べている。

「ドラッカーの基礎的思考には正当性確保への動因が働いており、このことが彼にその主要機関としての大企業に目を向けさせ、かつ実現の手段たるマネジメント体系の創出にいたらしめたものと考えられる。」

「彼にとってマネジメント体系の創出とは、社会における意味ある個人、コミュニティの創造の正統性の維持・発展と不即不の関係にあった。このことによって、第一次世界大後に崩壊した『経済人』概念を主軸にした文明転換とその後の新たな地平が示された。」（以上、井坂康志、二〇〇六年、八六ページ）

こうして、すでに内外の論者の研究で示されているように、一九三九年『経済人の終わり』と一九四二年の『産業人の未来』から一九五〇年の『新しい社会と新しい経営』への、経営者支配の「権力の正統性」に対する立場の転換こそは、ドラッカーの最大の功績である「マネジメントの発明」の背景となった。

一九五四年に刊行された『現代の経営』が「マネジメントの発明」の成果を示す金字塔であることは、現代経営理論史、社会思想史の常識となっている。しかし、ドラッカーの企業観のこのような転換がどうして起こったのか、その展開機軸は何だったのかについては、これまで必ずしも十分に取り上げられてきているようには思われない。

この章は、ドラッカーの『現代の経営』に至る歩みをたどりつつ、この問題を掘り下げてみる。

1. 経営者支配の「権力の正統性」——否定から肯定へ：認識の転換

一九三九年『経済人の終わり』、一九四二年『産業人の未来』のドラッカー

一九三九年『経済人の終わり』、一九四二年『産業人の未来』段階のドラッカーは、以下の引用が示すように、経営者支配の「権力の正統性」を明瞭に否定していた。

「ここでわれわれは、最も重要な結論に達する。すなわち、今日の経営陣の権力は正統な権力ではないということである。経営陣の権力は、いかなる観点から見ても、社会が権力の基盤として正統なものとして認めてきた基本的な理念に基づいていない。そのような理念によって制御されてもいなければ、制約を課されてもいない。そのうえ、なにものに対しても責任を負っていない。」

「財産権は、社会的、政治的権力の正統な基盤として認められていた。経営陣の限界、制御、責任は、財産権を共同で行使する株主によって課されていた。しかも西洋社会は、依然として、財産権を正統な権力として認めている。しかし今日、経営陣の権力は、株主とは関係なく、株主によって制御されず、株主に責任を負っていない。しかも、現実に経営陣が行使している権力の正統な基盤としての財産権の代わるものは何も見つかっていない。」

「先進国の国民は依然として、財産権を正統な権力の基盤としている。」

そして、「いかなる社会的権力も正統でないかぎり永続することはできない。企業における権

力も、広く認められた正統性を基盤としないかぎり、消えざるをえない。そのような権力は、中央政府によって容易に奪われる。政府がそれを欲するからではなく、国民が要求するからである」と述べている（以上、Drucker, 1942: 邦訳、九〇、および一一七ページ）。

一九五〇年『新しい社会と新しい経営』のドラッカー

しかし、一九五〇年『新しい社会と新しい経営』の段階になると、ドラッカーは、経営者支配の「権力の正統性」を肯定する方向へ、大きく転換する。

ドラッカーは、同上書の「結論　自由な産業社会」の「自由企業社会における財産権」と題する項で、次のように述べている。

「企業内における経営者層の合法性は自律的な工場共同体の確立いかんによるとすれば、社会に対する経営者層の合法性と、彼らの経済的権力の合法性は、『資本家』の問題をどう解決するかによって定まるのだといえる。」

「資本市場の機能の中には、投資者に対して所有権というものを与えなければならないような契機はなに一つないのである。投資家に対して与えなければならないものは、本来の収益の分け前に対する請求権だけである。」

「企業の政治的・社会的機能、すなわち経営機能は、企業が社会の経済機関として果たしている客観的な機能にだけ基因させることができるのである。」

このような社会的変化に沿った法制的改革によって、取締役会は、「経営者の権限と権力の基礎を財産権ではなく経済的機能の中に新しく筋道を立てて表すような機関にされるであろう。」(以上、Drucker, 1950: 邦訳、三八三〜六ページ)

こうしてドラッカーは、経営者支配の「権力の正統性」に対して、否定の立場から肯定の立場へ、大きく転換することになった。

一九五四年『現代の経営』のドラッカー

さらに、一九五四年の『現代の経営』に至ると、ドラッカーは「マネジメントの責任」と題されたその結論部分で、彼が到達した認識を次にようにまとめている。

「歴史的に見るならば、社会は常に、そのような永続的な力の集中、少なくとも私人の下への集中、特に経済的な目的による集中を拒否し続けてきた。しかしこの力の集中、すなわち近代企業の存在なくしては、産業社会そのものが存立しえなくなっている。

かくして社会は、最も容認しがたいものを企業に与えることになった。第一に、永久とまではいかなくとも永続的な免許を『法人』としての企業に与えた。第二に、企業のニーズが要求する範囲内において、経営者に権限を与えた。」

「しかしこのことは、企業とその経営者に対し、私有財産に伴う伝統的な責任をはるかに超える、まったく異質の新しい責任を課すことにもなった。企業と経営者に課された責任は、もはや私有財産の所有者の私益は公益に資するとか、私益と公益は分離しておくことができ互いに何の関わりもないと見ることができる、などといった前提にたっては果たすことはできない。それどころか、いまや経営管理者は、公益に責任をもつべきこと、自らの行動を倫理的基準に従わせるべきこと、そして、公共の福祉や個人の自由を害する可能性があるときには、自らの私益と権限に制約を加えるべきことを要求されている。」(以上、Drucker, 1954: 邦訳・下、三〇〇〜一ページ)

こうしてドラッカーは、経営者支配の「権力の正統性」を確認するとともに、同時に経営者には、これまでの私有財産に伴う伝統的な責任をはるかに超える全く異質の新しい社会的、公益的責任を課すことになったと強調している。

2. ドラッカーの転換を導いたもの

この、一九四二年の『産業人の未来』から一九五〇年の『新しい社会と新しい経営』への、経営者支配の「権力の正統性」についてのドラッカーの立場の転換は、何を背景にして進んだのであろうか。

一九四六年『企業とは何か』がもたらしたもの

よく知られているように、この二つの著作刊行の間に、ドラッカーは米国を代表する大企業GM（ゼネラル・モーターズ）から請われて同社の内部組織を行う貴重な機会を得た。そして、その結果を一九四六年、『企業とは何か』として著した。結論的にいえば、このGM調査とその成果『企業とは何か』が見出したものが、経営者支配の「権力の正統性」に対するドラッカーの立場を大きく転換させることになったと思われる。

そのような企業観転換の根幹となったのは、伝統的な財産権・所有権にもとづく、「株式会社」としての企業観から、企業を「事業体」「組織体」としてみる企業観への転換であった。この、「株式会社」としての企業観から、「事業体」「組織体」としてみる企業観への転換こそが経営者支配の「権力の正統性」についての認識を転換させる背景となった。

この転換の契機は、GMの内部組織調査であった。三年間にわたるGMの内部組織調査は、ドラッカーの企業についての認識を大きく変えた。この調査を通して、ドラッカーは企業という存在を「事業を遂行するための人々の組織」として理解するようになった。

それはまず何よりもさまざまな仕事を分担する人々と、それらの人々の活動を指揮する管理者の組織であり、さらにそのような人々の事業活動を支える多様な連携関係も含めた一つの組織である。このような企業観からすれば、財産権者・所有権者（株主）もまた、「株式会社」としての企業にとっての決定的な重要さにも関わらず、企業という組織の一つの構成員とみられる。

このような認識をベースに、ドラッカーはさらに「社会の代表的な組織としての企業」、「産業社会成立の条件としての企業」という企業認識に到達し、そこから、「企業の社会的責任」、企業の生産活動を通しての「社会の要求と個人の欲求の調和」の実現といった、これまでの企業認識では乏しかった企業の社会性を強くアピールすることになった。この点は『企業とは何か』の内容構成がよく表している。その構成は、第Ⅰ部「産業社会は成立するか」、第Ⅱ部「事業体としての企業」、第三部「社会の代表的組織としての企業」、第四部「産業社会の存在としての企業」となっている。

このような認識の変化は、企業における「権力の正統性」の理解についても大きな転換を進めることになった。「株式会社」から「事業体」への企業観の転換は、企業における権力の所在の認識を株式会社における「株主支配」から、事業体における「経営者支配」へ、大きく転換させ、経営者支配の「権力の正統性」を確信させることになったと思われる。

このような経営者支配の「権力の正統性」の確信は、さらに根源的にいえば、「支配」概念の転換を孕んでいた。それは、「財産権（所有）」から「機能」への支配概念の転換であり、「機能」による支配の容認であった。

ナチズム、ファシズムとの闘いの勝利

しかし、ドラッカーに経営者支配の「権力の正統性」を容認させた最大の背景は、何といっても、それに先立つナチズム、ファシズムの崩壊と、これによって実現のみえてきた「自由で機能する産業社会」への展望であったと思われる。

ドラッカーにとってのナチズムとの闘いは、到来しつつある新しい社会、「産業社会」という新しい社会が「自由で機能する」社会として確立できるかどうかをめぐる闘いであった。このような中で、伝統的な財産権・所有権にもとづかない経営者支配の「権力の正統性」を容認することは、同じく伝統的な財産権・所有権を無視して成立してきたナチズムの「権力の正統性」を容認することにつながりかねなかった。

大企業における株式所有の分散化と所有と経営の分離、それにもとづく経営者支配の現実の中で、当時すでに、経営者支配に対する「権力の正統性」を容認する考えが登場してきていた。その代表は、一九四一年刊行されたジェームス・バーナムの『経営者革命（*The Managerial Revolution*）』であった。バーナムは、「経営者は主権のありかを変える」（Burnham, 1941: 邦訳、第一〇章）と述べ、経営者の権力はそれ自体「正統性」をもつとした。

しかし、ドラッカーはこれに対して、「先進国の国民は依然として、財産権を正当な権力の基礎としている」とし、「現実の支配が理念的な正当性を生むというバーナム……（中略）の主張には、い

かなる根拠もない」と、バーナムの主張を退けた(Drucker, 1942: 邦訳、一一七ページ)。その背景にあったのは、「現実の支配が理念的な正当性を生む」という考えを認めれば、ナチズムの「権力の正統性」もまた認めざるをえなくなるという現実であった。

しかし、一九四五年、ナチズムは崩壊し、経営者の支配によって「自由で機能する産業社会」への展望が大きく開けてきた。このような産業社会をめぐる政治状況の大転換は、ドラッカーに経営者支配の「権力の正統性」を容認させる最大の背景となったと思われる。

3.『現代の経営』と「マネジメントの発明」

『現代の経営』の刊行

経営者支配の「権力の正統性」を肯定するとすれば、次に必然的に必要となるのは、これを裏づける経営者の「マネジメント機能」の実践的知識体系の確立であった。「マネジメント機能」の発揮はもはや、特定の人々の資質や才能ではなく、誰でも身につけ得る普遍的なものにならなければならなかったのであり、そのためには、「マネジメント機能」の客観的な知識体系が確立される必要があった。

一九五四年『現代の経営』は、まさにそのようなものとして世に問われた。これが「マネジメントの発明」といわれる所以であろう。

しかしドラッカーは、この『現代の経営』に至る思考の過程を自身でそれほど詳細に書き残しているわけではない。この点でほとんど唯一参考になるのは、同上書、一九八六年版に付された「はじめに」であろう。この文章は、簡潔な叙述の中に、ドラッカーが『現代の経営』を著した当時の自身の研究の背景や、「マネジメント」に関する史上最初の体系書としての同書に対する自負を興味深く伝えている（この「はじめに」は、同上書、一九九八年版邦訳・ドラッカー選書に収録されているが、二〇〇六年版邦訳・ドラッカー名著集には、要約的にのみ収録されている）。

この「はじめに」で、ドラッカーは、『現代の経営』に先立つマネジメントの先駆的業

ドラッカー『現代の経営』邦訳初版表紙（1956 年刊）

績、一九一一年刊行のフレデリック・W・テイラー『科学的管理法』、一九一六年刊行のアンリ・ファヨール『産業ならびに一般の管理』、一九三八年刊行のチェスター・I・バーナード『経営者の役割』、一九四一年刊行のメアリー・P・フォレット『組織的行動――動態的管理』、一九四五年刊行のエルトン・メイヨー『産業文明の人間問題』をあげつつ、それらが企業のマネジメントについての理解を社会的に深める上で果たした役割を讃えた。それらの中でもとくに、テイラー、バーナード、フォレットの業績を高く評価した。またそれらの先駆的業績の一つに、一九四六年刊行の、自身の『企業とは何か』もあげた。

しかし、それらの先駆的成果にもかかわらず、『現代の経営』は「世界で最初の経営書」であるとし、次のようにのべた。

「(それは)マネジメントを全体として見た初めての本であり、マネジメントを独立した機能としてとらえ、マネジメントすることを特別の仕事として理解し、経営管理者であることを特別の責務としてとらえた最初の本である。」(Drucker, 1954: 一九九八年版邦訳「はじめに」ⅳページ)

マネジメントの「発見」と「発明」

ドラッカーは、「それ以前のマネジメントに関する本はすべて、そして今日に至るもそのほとんどは、マネジメントの一局面をみているにすぎない。しかも通常、組織、方針、人間関係、権限など、企業の内部しか見ていない」と述べ、これに対して『現代の経営』は、企業を次の三つの次元でみたという。

第一に、市場や顧客のために、経済的な成果を生み出す機関

第二に、人を雇用し、育成し、報酬を与え、彼らを生産的な存在とするための組織、したがって統治能力と価値観をもち、権限と責任の関係を規定する人間的、社会的組織

第三に、社会やコミュニティに根ざすがゆえに、公益を考えるべき社会的機関

そのうえで、「『現代の経営』は、……(中略)今日われわれがマネジメントの体系としているものを生み出した。……(中略)実はそれこそ、『現代の経営』を書いた目的であり、意図だった」と述べている(以上、Drucker, 1954: 一九九八年版邦訳「はじめに」v〜viページ)。

こうしてドラッカーは、『現代の経営』によってそれまでだれも果たしたことのなかった「マネジメントの体系」を世に問い、これによって、現代産業社会における経営者支配の「権力の正統性」を確立しようとした。そしてこれこそが、「マネジメントの発明」といわれるものであった。

しかし、ドラッカー自身は、自分が「マネジメントの発明」を発見したといったことは一度もなかった。

晩年の著、『ドラッカー 二〇世紀を生きて：私の履歴書』二〇〇五年、の訳者・牧野洋氏によれば、この点についてドラッカーが次のように述べていたことを紹介している。

「私よりずっと先行していた人たちがいる。例えば、偉大なエンジニアであるフレデリック・テイラーは一九一一年に『科学的管理法』を発表し、労働者の生産性を高める方法を科学的に提示した。ただ、マネジメントを発明したわけではない。では発明したのはだれか？　私ならメアリー・パーカー・フォレットかアルビン・ドットのどちらかと答える。」（Drucker, 2005: 邦訳、一三〇ページ）ドットは一九二三年、米国マネジメント協会（ＡＭＡ）の創設者であるが、ドラッカーは「マネジメントという言葉に現代的な意味を最初に与えたのはドットだろう。私はそれを借用しただけ」といったと、牧野氏は伝える。

しかし、「先駆者がいたのにドラッカーが『マネジメントを発明した男』と呼ばれるのは、彼以前にマネジメントを全体としてとらえ、体系化しようとした人はいなかったからだ」と牧野氏は述べている。

4.「マネジメントの発明」の主舞台となったＧＥ

ドラッカーがマネジメントの体系化の作業を始めた時、「マネジメントの仕事、機能、挑戦についての研究や理念や知識に関する文献は、ほとんど完全に欠落していた。いくつかの断片と専門論文があるだけだった。」（Drucker, 1954: 一九九八年版邦訳「はじめに」ⅷページ）

この時、ドラッカーの有力な武器となったのは、一九四三年ＧＭとの関係以来続く米国有力企業を相手とする調査やコンサルタントの経験であった。そのような文献には依らない実地の経験や知識の蓄積が『現代の経営』におけるマネジメントの体系化の成功を導いた。

数々の有力企業との関係の中でも、ドラッカーにとって、とりわけ大きな役割を果たしたのは、一九五〇年から始まるＧＥ（ゼネラル・エレクトリック）との関係であった。ＧＥにおけるコンサルタントとしての経験はドラッカーの「マネジメントの発明」の決定的に大きな意味をもったと思われる。

一九五〇年代ＧＥの組織改革とドラッカー

「マネジメントの発明」につながる、経営者支配の「権力の正統性」の肯定を導いたのは自動車大企業ＧＭでの内部組織調査であったが、これをさらに「マネジメントの発明」に導く舞台となったのは、総合電機大企業（当時）ＧＥでの組織改革への実践的な関わりであった。

ドラッカーは一九五〇年、請われてＧＥの経営コンサルタントに就任し、新社長ラルフ・Ｊ・コーディナーが主導するＧＥの組織改革に大きな貢献を果たした。この時期のＧＥの組織改革への関わりは、ドラッカー自身の「マネジメントの発明者」としての確立にとってかけがえのない成果をもたらした。

しかし、このドラッカーのＧＥ組織改革への関わりと成果については、彼が経営コンサルタントに就任したことはよく知られているが、その具体的内容はこれまであまり語られ、評価されることはなかった。

ここではこのことに、もう少し立ち入ってみよう。

『GEにおける専門的経営管理』全四巻の編集

一九五〇年、コーディナーの会長就任とともに始まった、事業部制組織の確立を軸とするGEの組織改革は、実際には、副社長ハロルド・F・スミディとドラッカーの共同作業で推進された。この作業を象徴するのは、このGEの組織改革の理念と原則を全社管理者に徹底するために使用されたテキストの編集と、それを使った管理者研修プログラムの実施であった。

GE組織改革の理念と原則の体系化は、『GEにおける専門的経営管理（*Professional Management in General Electric*）』と題された、全四巻のテキストとして実現した。これらのテキストは、その表紙の色合いから、社内では通称『ブルー・ブックス』と呼ばれた。

『GEにおける専門的経営管理』は、一九五三年と五五年の間に第三巻までが完成した。第四巻は、遅れて一九五九年に刊行された。それらの構成は、次のようであった。

第一巻、「GEの成長」全一〇六ページ……一九五三年

第二巻、「GEの組織構造」全三一五ページ……一九五五年

第三巻、「専門経営管理者の仕事」全二四八ページ……一九五四年

第四巻、「専門個別貢献者の仕事」全二九三ページ……一九五九年

（このシリーズは、必ずしも順序良く刊行されたわけではない。なお、以上四巻に加えて、第五巻「GMにおける専門的な仕事」が執筆され、一九六〇年に見本が印刷された。しかし間もなくスミディが退職したため、完成出版にまでいたらなかった。）

これら四巻から成る『GEにおける専門的経営管理』は合わせて一、〇〇〇ページに及ぶ大部なものであり、その内容を紹介するにはそれ自体かなりの執筆量を要する。

しかし、なんといってもその白眉は、第

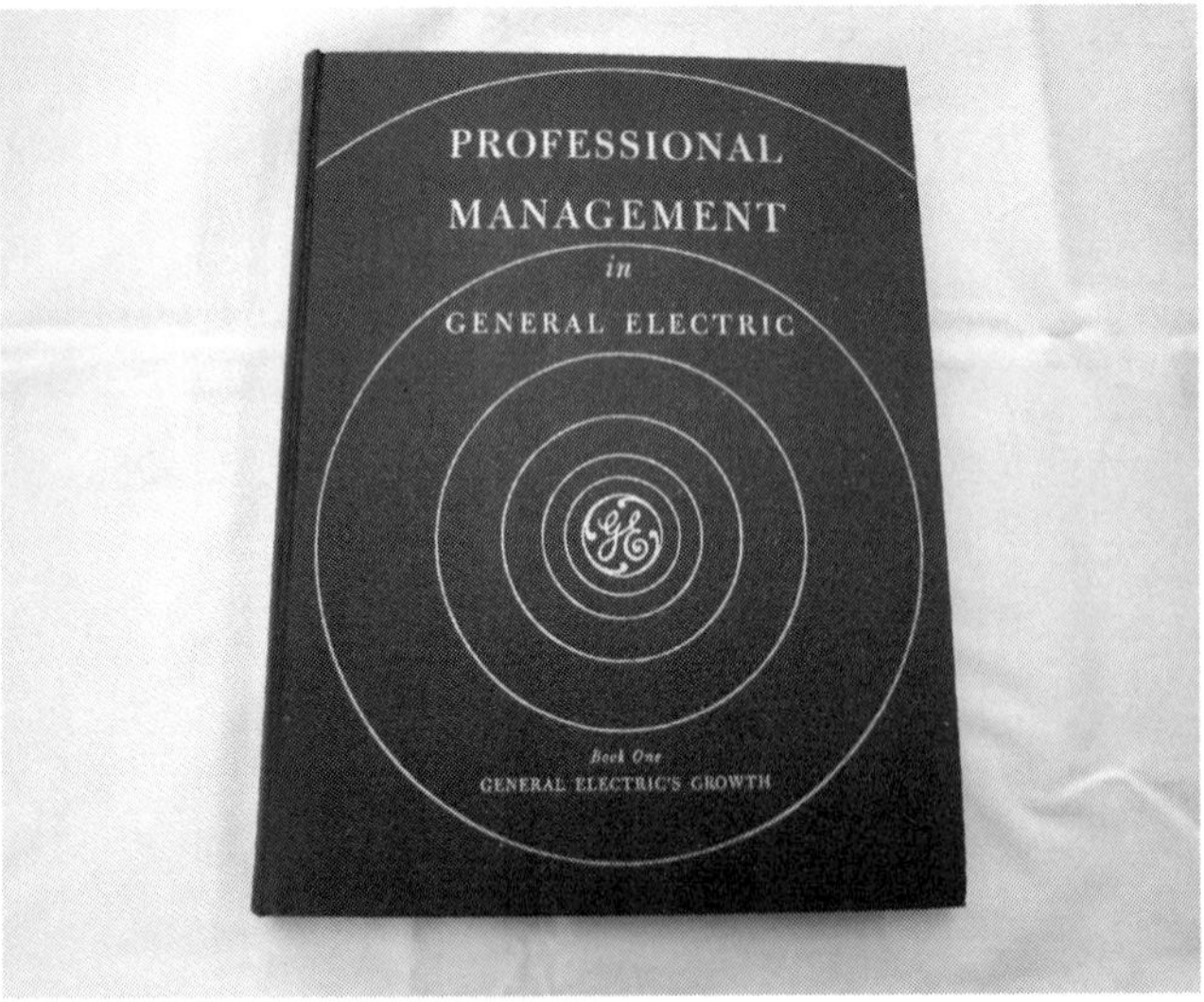

『GEにおける専門的経営管理（*Professional Management in General Electric*）』（1954年刊）表紙

三巻「専門経営管理者の仕事」の部分であろう。第一巻でGEの創設以来の成長史が総括され、第二巻で、一九五〇年、コーディナーの主導で確立されることになったGEの事業部制組織の構造が細密に紹介されたあと、第三巻では、GEのような大企業の分権化された組織構造での経営管理がどのように遂行されなければならないかが、計画化(plan)、組織化(organize)、統合化(integrate)、成果計測(measure)といった四つの経営管理のキーコンセプト(POIMと呼ばれた)にもとづいて、二五〇ページにわたって説明されている。

ここで注目されることは、マネジメント論としてのエッセンスである専門的経営管理者論がドラッカーの最初の本格的経営書である『現代の経営』でも大きく取り上げられていることである。

しかし、これは当然のことである。当時、ドラッカーはGEの経営コンサルタントとして、スミディとともにGE組織改革のための、上記のテキスト編集に取り組むとともに、自らの最初の本格的なマネジメント書を書き上げつつあったのであり、一九五四年には、これら両方が併行して公にされることになったのである。

クロトンビル経営管理研修所開設

GEは、一九五六年、ニューヨーク州ハドソン河下流河岸のクロトンビルで、『ブルー・ブックス』にもとづく経営管理者研修を開始した。

それまで米国では、経営幹部のトレーニングを行う機関は、ハーバード、ペンシルベニア（ウォートン）、コーネルなど著名大学のビジネス・スクールに限られており、企業内で本格的な経営幹部の養成に取り組むのは、このGEのクロトンビル経営管理研修所（Crotonville Management Training Center）がはじめてであった。

今日、クロトンビルのGEのリーダーシップ開発研究所は前会長ジャック・F・ウェルチの名とともに世界最高の経営幹部養成機関として著名であるが（実際に、この研究所にはJ.F.Welch Leadership Development Instituteと、ウェルチの名が冠せられている）、このGEの研究所は、こうして誕生したのである。

このクロトンビル経営管理研修所もスミディの考案によるものであった。大学のビジネス・スクールと異なる、この研修所での訓練プログラムの大きな強みの一つは、著名な経営幹部や学者の講演と、これをめぐっての熱心な参加者と講演者との間の討議を重視し、ケース・スタディの使用を最小限にとどめたことであった。

ちなみに、一九五六年第一回目の訓練コースでの著名な講師のリストをみてみると、**表2—1**のようである。これによってわかるように、クロトンビルでの経営者研修に登場した講師陣は、GE内部からは当時のトップ経営陣が顔を揃え、また外部からは当時社会的に経営管理研究界、経営コンサルタント界をリードする一流の講師陣が参加していた。ここで講演日数をみてみると、この中で断然群を抜いていたのは、社内では副社長スミディであり、外部講師ではドラッカーであった。

こうして、このクロトンビル経営管理研修所での実際の経営幹部研修活動でも、ドラッカーはGEに大きな貢献を果たしていたことがわかる。

表2-1　GE第1回上級経営管理者研修コースの主要講師（1956年）

GE内部の講師	講演日数
ラルフ・コーディナー（社長）	1
ハロルド・スミディ（副社長）	6
ガイ・スーツ（副社長）	1
フィリップ・リード（会長）	1
ロバート・パクストン（上級副社長。後に社長）	2
ジェラルド・スウォープ（元社長）	1
レミュエル・ボールウェア（副社長）	3
フレッド・ボーチ（副社長。後に社長→会長）	1
メル・フルニー（OR担当マネジャー）	2
ジェラルド・フィリップ（元会長）	1
外部講師	講演日数
ピーター・ドラッカー（コンサルタント、ニューヨーク大学）	6
ローレンス・アプレイ（アメリカ経営者協会会長）	1
リリアン・ギルブレス（コンサルタント）	1
イール・ブロックス（コーネル大学）	1
ウィリアム・ニューマン（コロンビア大学）	1
フランク・ギルモア（コーネル大学）	4
エドウィン・シェル（MIT）	1
ノーマン・マイヤー（ミシガン大学）	1
クリス・アージリス（エール大学）	1
アーウィング・ライリー（マッキンゼー社）	1
A.M. リデレー（CIPM）	1

（出所）Greenwood, 2nd ed. 1982: 邦訳『現代経営の精髄 ――GEに学ぶ』（増補2版訳）、242ページ

ドラッカー『現代の経営』の刊行

経営コンサルタントとしてのGEの組織改革への関わりは、ドラッカー自身が社会的評価を固めるうえでかけがえのない成果をもたらすことになった。ドラッカーはGEでの仕事の中で、その後ドラッカー・マネジメント学展開の基軸コンセプトとなり、ドラッカーをして「マネジメントの発明者」として世に名を成さしめることになった、「顧客の創造」という「企業の目的」の定義を開発することになったからである。今日に至るまで、ドラッカーの行ったこの「企業の目的」の定義は、企業活動の意義を語るとき、人々に広く普及している。経済学で一般にいわれる「企業の目的とは利益を生み出すことである」とする考え方を「見当違い」と断じたドラッカーの企業目的の定義は、今日に至っても企業論、組織論の世界で燦然と輝いている。

またドラッカーは、この時期、GEでのスミディとの共同作業の中で、マネジメントの基幹コンセプトである自己統制による「目標管理」という考えに到達し、「目標管理」コンセプトの開発者といわれるようになった。

これらの定義やコンセプトの新鮮さに気づいたスミディは、ドラッカーに、これらを基軸とするマネジメント書の執筆をすすめたと、ドラッカー自身が語っている。ドラッカーは、一九五四年、GEなどでの経営コンサルタントの仕事を基礎に、名著『現代の経営』を刊行した。

同書は、書いている。

「企業の目的として有効な定義は一つしかない。すなわち、顧客の創造である。」(Drucker, 1954: 邦訳・上、四六ページ)

「目標管理の利点は、自らの仕事を自ら管理することにある。その結果、最善を尽くすための動機がもたらされる。高い視点と広い視野がもたらされる。」(Drucker, 1954: 邦訳・上、一七九ページ)

ドラッカー自身、数ある著作の中で、『現代の経営』を金字塔と位置づけている。確かに、この著作によって、ドラッカーは「マネジメントの発明者」と言われるようになったのである。

コーディナー『これからの経営者』の刊行

GE会長コーディナーは、副社長スミディと経営コンサルタント、ドラッカーの協力を得て、一九五〇年代半ばにかけて、上のような組織改革を積極的に展開したが、自ら一九五六年著書に『これからの経営者（*New Frontiers for Professional Managers*）』を著わし、この間のGEの組織改革の理念と原則を社会的に表明した。

それは、実際には、コーディナーがマッキンゼー財団記念講演会の講師として招かれ、一九五六年四月から五月の間コロンビア大学事業経営学部で行った三回の講演の内容をまとめたものである。その内容は、①「新しい企業の性格」、②「経営哲学としての分権制」、③「将来への展望」という三つの章から成っている。

第一章では、「イノベーションの源泉」としての役割、「大量生産と大量供給の源泉」としての役割、「高度の技術力の源泉」としての役割、という三つの役割をあげ、ＧＥのような大企業が今日米国経済の発展と社会の繁栄のために不可欠の存在となっており、将来ますますその役割は大きくなるであろうと論じている。

第二章では、今日そのように経済的、社会的に重要な役割をになうＧＥのような大企業が、経営管理上重大な欠陥を抱えていることが指摘されてきているが、ＧＥは、これを克服するために、「分権制」（事業部制）を実施することにした。これによって、①組織規模の拡大と内容の複雑化に伴う経営活動の非効率化、②経営管理者と一般従業員との間の人間的接触の希薄化と、将来の経営管理者養成の停滞、という大企業の直面する二つの組織的欠陥を是正できるであろうと論じている。

第三章では、将来大企業の経営管理者が直面せざるを得ない課題として、①国民的視野に立つ企業の長期計画、②合理的経営管理のための情報管理、③人間的資源の効果的活用のための、人間の動機についての正しい認識を基礎にした人間管理、といった三つの課題をあげ、それぞれについての現実的な解決方策を提起している。

このコーディナーの講演（著作）は、自身が副社長スミディとドラッカーの協力をえて強力に推進してきたＧＥの組織改革の理念と原則の普遍的意義を簡潔、明快に世に示したものである。それは、ドラッカーの『現代の経営』と併せて、一九五〇年代における「マネジメント」の学の確立を象徴する、記念碑的作品であったと位置づけられるであろう。

コーディナー『これからの経営者』とスローン『GMとともに』

コーディナーの『これからの経営者』に関わって、同時代の著名経営者の著書として想起されるのは、GMの最高経営責任者アルフレッド・P・スローンの『GMとともに』(一九六三年)である。GMとGEは、二〇世紀を通して、米国はもとより、世界を代表する企業であったし、それは今日においてもかわらない。この二つの大企業がその社会的存在の大きさを固めたのは第二次大戦中から戦後、一九五〇年代のことであったが、この時期に両企業を導いたのはGMのスローンとGEのコーディナーであった。

もとより、戦後、世界の企業の中で一般的なものとなった事業部制(分権制)を最初に開発したのは一九二〇年代、GMのスローンであり、一九五〇年代にこれを普遍性ある現代の企業組織のモデルとして磨き上げたのは、コーディナーのGEの組織改革であった。そして、これら両巨頭がそれぞれ自らの組織改革の理念と原則を世に残したのが、上記のそれぞれの著書、『GMとともに』と『これからの経営者』である。

ここで改めて注目されなければならないことは、戦後間もなくから一九五〇年代に、これら二人の米国を代表する経営者と親しい交流をもったのはドラッカーであった。ドラッカーとGMスローンの関係についてはすでに述べた通りであるが、GMの実態調査にもとづき著され、しかしGMとスローンには受け入れられなかった『企業とは何か』が実際に受け入れられ、その主旨が生かされたのは、GEの組織改革においてであった。

しかし、今日に至るまで、経営書の名著として評価が高く、多くの人々に愛読されてきたのは、スローンの『GMとともに』である。これに対して、コーディナーの『これからの経営者』の方は、一二〇ページほどのパンフレットに近い著作であったこともあり、専門家を除けば多くの人々にはその存在さえ知られていない。わが国では、川村欣也氏の邦訳が一九五八年、東洋経済新報社から刊行されたことがあるが、その存在を知るものも稀である。

しかし、このコーディナーの残した著作は、分権制を基軸とした現代の経営管理のあり方について、新鮮な教訓を残している。それはとくに、人材の育成や人間の働く動機を理解すること、命令ではなく説得による指導、組織における均衡と統合と協力関係の達成、業績の正しい評価などの重要性が強調され、経営管理における「人間主義」的側面が際立っている。これらの点は、比べ物にならないほど大部であるが、どちらかといえば一貫して「機能主義」的に経営システムの構築を強調したように思われるスローンの『GMとともに』とは異なる、大きな特色である。

その点で、コーディナーの管理論は、バーナード、フォレット、ドラッカーに通ずる「機能主義と人間主義を結合した管理論」の一つの成果を体現している。

※　本章は、ドラッカー学会年報『文明とマネジメント』第4号、二〇一〇年、所収の「P・F・ドラッカー：『マネジメントの発明』への道程」をリライトしたものである。また本章の4の部分は、坂本和一『ドラッカー再発見』法律文化社、二〇〇八年、の第三章二をリライトしている。

3. 「イノベーション」はいかにして「発明」されたか
――「断絶の時代」の到来と「イノベーションの発明」

ドラッカー『イノベーションと企業家精神』邦訳初版表紙（ダイヤモンド社、1985 年刊）

「予期せぬ成功ほど、イノベーションの機会となるものはない。これほどリスクが小さく苦労の少ないイノベーションはない。しかるに予期せぬ成功はほとんど無視される。困ったことには存在を認めることさえ拒否される。」

「予期せぬ成功はイノベーションのための機会であるだけではない。それはまさにイノベーションに対する要求でもある」

（Drucker, P. F., 1985, *Innovation and Entrepreneurship: Practice and Principles.* 邦訳『イノベーションと企業家精神』ダイヤモンド社、二〇〇七年、一八、二六ページ）

はじめに

ドラッカーは「マネジメントの発明者」として知られるが、彼は、「マネジメントの発明」に引き続き、もう一つ、「イノベーションの発明者」でもあった。しかし、ドラッカーがさらに「イノベーションの発明者」であったことについては、これまで論じられることがなかった。この章は、このことについて明らかにする。

『現代の経営』(一九五四年)以降、ドラッカーが著書でマネジメントにおけるイノベーションの役割について言及しなかったことはない。彼の数多いいずれの著書においても、マネジメントにおけるイノベーションの役割が熱く語られてきた。

しかし、この課題がはじめて「体系的」に示されたのは、一九八五年刊行の『イノベーションと企業家精神』においてであった。

もとより、それまでにも組織社会としての産業社会におけるイノベーションの働きについては、多くの論者が言及した。その嚆矢は、よく知られるようにジョセフ・A・シュンペーターの『経済発展の理論』(一九一二年)であろう。

しかし、シュンペーターも含めて、それまでイノベーションの実践について、理論的、経験的な知識体系は世に提示されたことはなかった。その意味で、イノベーションは「発見」されていたが、それは未だ「発明」されていなかった。それは未だ、実践に具体的に役に立つ知識の体系として「発明」されていなかった。それは、マネジメントについていえば、『現代の経営』以前の段階であった。イノベーションついてこの新しい段階を切り開いたのが、一九八五年の『イノベーションと企業家精神』であった。それは、「マネジメントの発明」において『現代の経営』が占めたと同様の位置を「イノベーションの発明」において占めるものであった。

ドラッカーのもう一つの、この新しい「発明」はいかにしてなされたのか。またそれは、どのような社会的背景の下で実現したのか。本章は、ドラッカーの、このもう一つの「発明」について明らかにする。

1.「イノベーションの発見」

すでにみた「マネジメントの発明」の論理と歴史を念頭におくと、これから主題とする「イノベーションの発明」について確認すべき点は、次の二点である。第一は、「イノベーションの発明」といわれるべきことと、「イノベーションの発見」の意味の違いである。第二は、なぜ単なる「イノベーションの発見」を超えて、「イノベーションの発明」がなされなければならなかったのか、その社会的背景は何だったのかということである。

マネジメントの体系におけるキーコンセプトとしてのイノベーション

ドラッカーは『現代の経営』を著して、現代産業社会の基礎にある経営者支配の「権力の正統性」を証明する「マネジメント機能」の実践的知識体系の確立を図ったが、ドラッカーはこの「マネジメントの体系」の基点を、周知のように「企業の目的」を考えることから始めた(同上書、第五章)。そして、「企業の目的は、それぞれの企業の外にある。事実、企業は社会の機関であり、その目的は社会にある。企業の目的として有効な定義は一つしかない。すなわち、顧客の創造である」(Drucker, 1954): 邦訳、四六ページ)という有名な命題を打ち出した。

その上で、ドラッカーは、「企業の目的が顧客の創造であることから、企業には二つの基本的な機能が存在する。すなわち、マーケティングとイノベーションである」(Drucker, 1954): 邦訳、四七ページ)として、企業家的機能の二大支柱を明確にした。

これら二つの基本的な企業家的機能について、ドラッカーはさらに次のように付言している。まず、「マーケティングは、企業に特有の機能である。財やサービスを市場で売ることが、企業を他のあらゆる人間組織から区別する」と述べる。そして「一九〇〇年以降のアメリカ経済の革命とは、マーケティング革命だった」という(Drucker, 1954: 邦訳、四七、四八ページ)。

しかし、「マーケティングだけでは企業は成立しない。静的な経済の中では企業は存在しえない。企業人さえ存在しない。」「企業は発展する経済においてのみ存在する。少なくとも変化が当然であり望ましいものとされる経済においてのみ存在しうる。企業とは、成長、拡大、変化のための機関である」(Drucker, 1954: 邦訳、五〇ページ)という。

したがって、「第二の企業家的機能はイノベーションである。すなわち、より優れた、より経済的な財やサービスを創造することである。企業は、単に経済的な財やサービスを提供するだけでは十分ではない。より優れたものを創造し供給しなければならない。企業にとって、より大きなものに成長することは必ずしも必要ではない。しかし、常により優れたものに成長する必要はある」(Drucker, 1954: 邦訳、五〇ページ)と述べている。

こうして、イノベーションはマーケッティングと並ぶ、企業家機能の二大支柱とされている。しかし、実際に『現代の経営』では、定常状態の中での企業者的機能、マネジメント機能の体系を示すことに基本がおかれており、「成長、拡大、変化のための機関」としての企業を創出する企業者機能、イノベーション機能については必ずしも正面に浮かんでいるわけではない。

しかし、『現代の経営』は第七章「企業の目標」に「イノベーションにかかわる目標」なる項目を設け、ここでイノベーションに関わるいくつかの重要な視点を述べている。

それを項目的に整理してみると、以下のようである。

第一、「イノベーションに関わる目標設定の最大の問題は、影響度や重要度を評価測定することの難しさにある。」したがって、「イノベーションにかかわる目標は、マーケッティングにかかわる目標ほどには明確でもなければ、焦点もはっきりしない」ということである。

第二、「イノベーションには時間がかかる。今日リーダー的な地位にある企業の多くは、四半世紀以上も前の世代の活動によって今日の地位にある。」「したがって、イノベーションのかかわる活動とその成果を評価するための指標が必要となる。」

第三、「イノベーションの必要性を最も強調すべきは、技術変化が劇的でない事業においてである。」「技術変化が劇的でない事業ほど、組織全体が硬直化しやすい。それだけに、イノベーションに力を入れる必要がある。」(以上、Drucker, 1954: 邦訳、九二〜九五ページ)

しかし、このような重要な指摘にもかかわらず、ここではイノベーションの実践について体系的な知識が提示されているわけではない。

シュンペーターによる「イノベーションの発見」

イノベーションという企業家の営みが経済社会でもつ意義に最初に注意を喚起したのは、シュンペーターであった。シュンペーターは一九一二年に著した若き日の著書『経済発展の理論』の中で、次のように述べて、イノベーション(ただしこの時、シュンペーターはこれを「新結合」(neuer Kombinationen)と呼んだ)の意義をあきらかにした。

「生産をするということは、われわれの利用しうるいろいろな物や力を結合することである。生産物および生産方法の変更とは、これらの物や力の結合を変更することである。旧結合から漸次に小さな歩みを通じて連続的な適応によって新結合に到達できる限りにおいて、たしかに変化または場合によっては成長が存在するであろう。しかし、これは均衡的考察方法の力の及ばない新現象でもなければ、またわれわれの意味する発展でもない。以上の場合とは違って、新結合が非連続的にのみ現れることができ、また事実そのように現れる限り、発展に特有な現象が成立するのである。」(Schumpeter, 1912: 邦訳、一八二ページ)

こうしてシュンペーターは、企業家による新結合が経済発展に果たす現実的な役割を強調した。そして、この「新結合」、つまりわれわれがいうイノベーションは、周知のように五つの場合を含むとした(同上邦訳、一八三ページ)。

第一、新しい財貨、すなわち消費者の間でまだ知られていない財貨、あるいは新しい品質の財貨の生産。

第二、新しい生産方法、すなわち当該産業部門において実際上未知な生産方法の導入。

第三、新しい販路の開拓、すなわち当該国の当該産業部門が従来参加していなかった市場の開拓。

第四、原料あるいは半製品の新しい供給源の獲得。

第五、新しい組織の実現。

ドラッカーは後に、『イノベーションと企業家精神』の序章で、このシュンペーターの果たした役割に触れ、「主な近代経済学者のうち、企業家とその経済に与える影響に取り組んだのはジョセフ・シュンペーターだけである」(Drucker, 1985: 邦訳　一九九七年ドラッカー選書訳・上、二一ページ)と述べている。

そしてその意味を、次のように述べている。

「もちろん経済学者は、企業家が経済発展に大きな影響を与える重要な存在であることを知っていた。しかし彼らにとって、企業家はあくまでも経済の外性変数だった。経済に重大な影響を与え、経済を左右する存在ではあっても、経済を構成する要素ではなかった。」(同上邦訳、二一ページ)

こうして、ドラッカーもいうように、シュンペーターはイノベーションとそれを担う企業家を経済発展の重要な内性変数の一つとして認識した最初の経済学者であった。

しかし、シュンペーターは、あくまでも経済発展におけるイノベーションと企業家の役割を後世の私たちに認識させせたに止まり、イノベーションそのものにかかわる実践的な知識を体系的に示したわけではなかった。その意味では、シュンペーターは重要な「イノベーションの発見者」ではあったが、「イノベーションの発明者」ではなかった。

『断絶の時代』『マネジメント』におけるイノベーションへの言及

『現代の経営』以後、ドラッカーは引き続く自著、一九六四年の『創造する経営者』、一九六六年『経営者の条件』などの中で、繰り返しイノベーションの役割について論じた。また社会的にも一九六〇年代以降、企業戦略、競争戦略を説く夥しい経営書はいずれも多かれ少なかれイノベーションの役割を説かないものはなかった。

ドラッカー自身も、一九六九年の『断絶の時代』、一九七四年の『マネジメント』において繰り返しイノベーションの意義を説いた。その際、ドラッカーの認識の背景にあったのは、一九世紀以来の企業活動の大きなトレンドの中での同時代(一九六〇～七〇年代)の歴史的な意味であった。この点は『断絶の時代』の第三章「方法論としての企業家精神」で次のように要約されている。

「第一次世界大戦前の五〇年は発明の時代とされている。それは企業家の時代といってよかった。当時の発明家は自らの発明を自らの事業に発展させた。今日の大企業の基礎がこうして築かれた。」「ところが第一次大戦後の五〇年は、マネジメントの能力のほうが、企業家としての能力よりも意味をもつようになった。」、しかし「今日、ふたたび企業家精神を強調すべき時代に入った。……(中略)今日必要とされているものは、過去半世紀に培ったマネジメント能力の基礎の上に、企業家精神の新しい構造をつくる能力である。」(Drucker, 1985: 邦訳、二八～九ページ)

『断絶の時代』では、さらに具体的に「イノベーションのための組織」をつくることの重要性に言及し、そのための次のような、いくつかの留意点を述べている。

「企業家たるものは、イノベーションのための組織をつくりマネジメントしなければならない。新しいものを予測し、ビジョンを技術と製品プロセスに転換し、かつ新しいものを受け入れることのできる人間集団をつくり、マネジメントしなければならない。」

「イノベーションのための組織は既存の事業のための組織とは切り離しておかなければならない。」

「イノベーションのためには、トップの役割も変わらなければならない。」

「イノベーションのための組織が行ってはならないことは、目標を低く設定することである。」

「イノベーションにおいて最も重要なことは、成功すれば新事業が生まれるかどうかを考えることである。これは、既存事業において長期計画や資源配分を検討する際の問題意識とはまったく異なる。後者においてはリスクを最小にしようとし、前者においては成果を最大にしようとする。」(以上、Drucker, 1968: 邦訳、四三〜七ページ)

さらに『マネジメント』では、最終章(第六一章)が「イノベーションのマネジメント」と題されている。ここではそれまでのドラッカーの言及と同様に、一般にマネジメントに関する文献でイノベーションの必要に言及していないものはないが、イノベーションを促進し、成果をあげるためのマネジメントやそのための組織がいかにあるべきか、何をなすべきかに言及したものはないと述べている。そして、イノベーションを行う組織にみられるいくつかの共通する特徴があるとして、以下のような六つの点をあげている。

(1) イノベーションの意味を知っている。
(2) イノベーションの力学というものの存在に気づいている。
(3) イノベーションの戦略を知っている。
(4) 管理的な目標や基準とは別に、イノベーションのための目標と基準をもっている。
(5) マネジメント、とくにトップマネジメントの果たす役割と姿勢が違う。
(6) イノベーションのための活動を、日常のマネジメントのための活動から独立させて組織している(Drucker, 1974: 邦訳・下、二七二ページ)。

こうして、ドラッカーは『現代の経営』以後、自身の著作の中で、企業だけではなく現代の組織におけるイノベーションの必要を説き、それを推進するためには独自のマネジメントと組織が必要であることを繰り返し言及してきた。

しかし、それらはいずれもイノベーションの実践についての体系的な指針となるものには至っていなかった。その意味では、それはまだ、イノベーションの重要性の確認、「イノベーションの発見」に止まるものであった。

2.「イノベーションの発明」へ

『イノベーションと企業家精神』による「イノベーションの発明」

『断絶の時代』『マネジメント』を経て、いよいよ本格的なイノベーションの体系への挑戦、「イノベーションの発明」が求められていることを、ドラッカー自身、強く意識するようになっていった。『マネジメント』の最終章「イノベーションのマネジメント」を締め括る次の文言は、そのことを物語るように思われる。

「あらゆる兆しから見て、来るべき時代はイノベーションの時代、すなわち技術、社会、経済、制度が急速に変化する時代である。したがって、イノベーションを行う組織こそが、これからの時代において主役となる。」(Drucker, 1974: 邦訳・下、二九六ページ)

一九八五年に刊行された『イノベーションと企業家精神』は、このような、「これからの時代において主役となる」イノベーションを行う組織のための実践的な指針となるべきものであり、まさに「イノベーションの発明」であった。ドラッカー自身、同書の「まえがき」で、「本書はイノベーションと企業家精神を生み出すための原理と方法を示している」、「本書は、イノベーションと企業家精神の全貌を体系的に論じた最初のものである」と述べている。『現代の経営』が「マネジメントの発明」を果たしたモニュメントであったとすれば、『イノベーションと企業家精神』はさらに「イノベーションの発明」を果たした記念すべきモニュメントであった。

『イノベーションと企業家精神』の体系

それでは、ドラッカーが発明した「イノベーションの体系」はどのようなものか。

ドラッカーは『イノベーションと企業家精神』を、以下の三つの「側面」から説明している。

第一、「イノベーションの方法」(第Ⅰ部)

第二、「企業家精神」(第Ⅱ部)

第三、「企業家戦略」(第Ⅲ部)

・「イノベーションの方法」

第一の「イノベーションの方法」では、イノベーションを目的意識的に行う一つの体系的な営みであることを前提して、イノベーションの機会をどこで、いかにして見出すべきかをあきらかにしている。その際、特徴をなしているのは、「イノベーションのための七つの機会」というイノベーションの実践論、方法論である。「イノベーションのための七つの機会」とは、よく知られるように、以下の七つの機会である。

第一の機会：「予期せぬ成功と失敗を利用する」

第二の機会：「ギャップを探す」
第三の機会：「ニーズを見つける」
第四の機会：「産業構造の変化を知る」
第五の機会：「人口構造の変化に着目する」
第六の機会：「認識の変化をとらえる」
第七の機会：「新しい知識を活用する」

ドラッカーは七つの機会のこの順番を重視している。ドラッカーはこれら七つの機会は「信頼性と確実性の大きい順に」並べてあると述べている(Drucker, 1985: 邦訳、一六ページ)。

そこで、ドラッカーがとくに重視したのは、第一の「予期せぬ成功と失敗を利用する」ということであった。ドラッカーは、「予期せぬ成功」を論じた第三章の冒頭で、「予期せぬ成功ほど、イノベーションの機会となるものはない。これほどリスクが小さく苦労の少ないイノベーションはない。しかるに予期せぬ成功はほとんど無視される。困ったことには存在さえ否定される」という。さらにドラッカーは、「このように、予期せぬ成功はイノベーションのための機会であるだけではない。それはまさにイノベーションに対する要求でもある」(Drucker, 1985: 邦訳、二六ページ)と指摘している。

・「企業家精神」

第二の「企業家精神」では、イノベーションの担い手となる組織に焦点をあてる。ここでは、具体的に独自性の高い三種の組織、既存の企業、公的サービス機関、ベンチャー・ビジネスのそれぞれにおける企業家精神発揮のあり方が論じられている。

この部分で特徴的なのは、第一四章で論じられている「公的サービス機関における企業家精神」である。ドラッカーは、これまで注目されることの少なかった公的サービス機関におけるイノベーションの必要とその難しさをとくに強調して、次のように述べる。

「公的サービス機関も、企業と同じように企業家としてイノベーションを行わなければならない。むしろ企業以上に企業家的であることが必要である。」「しかし公的サービス機関がイノベーションを行うことは最も官僚的な企業と比べてさえはるかに難しい。既存の事業が企業の場合よりもさらに大きな障害となる。」(Drucker, 1985: 邦訳、二〇七ページ)

そのうえでドラッカーは、公的サービス機関がイノベーションを行ううえで必要とされる企業家精神を、次の四点にまとめている(Drucker, 1985: 邦訳、二一四〜七ページ)。

第一に、公的サービス機関は明確な目的をもたなければならない。

第二に、公的サービス機関は実現可能な目標をまたなければならない。

第三に、公的サービス機関は、いつになっても目標を達成することができなければ、目標そのものが間違っていたか、あるいは少なくとも目標の定義の仕方が間違っていた可能性があることを認めなければならない。公的サービス機関といえども、目標は、大義だけではなく費用対効果に関わるものとしてとらえなければならない。

第四に、公的サービス機関は、機械の追求を自らの活動に組み込んでおかなければならない。変化を脅威としてではなく機会としてみなければならない。

※「公的サービス機関のイノベーション」については、本書、最後の章で改めて取り上げる。

・「企業家戦略」

第三の「企業家戦略」では、現実の市場において、いかにイノベーションを成功させるか、その企業家戦略に焦点があてられている。

企業家精神を発揮するには、前項で紹介したような組織内部に関わる原理と方法が必要であるが、これと合わせて、組織の外部、市場に関わるいくつかの原理と方法が必要である。これが「企業家戦略」といわれるものである。

そのうえで、ドラッカーは企業家戦略として、「総力戦略」、「ゲリラ戦略」、「ニッチ戦略」、「顧客創造戦略」という、四つの戦略をあげている(以上、Drucker, 1985: 邦訳、二四八ページ)。

3.「イノベーションの発明」の背景

『イノベーションと企業家精神』が求められた背景――「断絶の時代」の到来

それでは、ドラッカーが『イノベーションと企業家精神』を著し、「イノベーションの発明」に至らせた社会的背景はどのようなものであったのか。どのような社会的背景がドラッカーをして「イノベーションの発明」に至らせたのか。

その点で決定的な役割を果たしたのは、一九六八年、『断絶の時代』の刊行であった。

一九五四年の『現代の経営』刊行以来、ドラッカーにとってイノベーションはマーケティングと並んで、マネジメントの二大支柱の一つとして、重要な課題であった。マネジメントにおけるその重要性は十分自覚されていた。しかし『断絶の時代』に至るまでは、イノベーションを目的意識的に追求するための、いわば道具としてのイノベーションの原理と方法に関する「イノベーションの体系」の必要は必ずしも明確には自覚されていなかったように思われる。イノベーションはその重要性は十分に「発見」されていたが、「発明」されてはいなかった。

そのような中で、「イノベーションの発明」の必要をはっきり意識させたのは、『断絶の時代』の刊行であった。前段で引用したドラッカーの言葉は、まさしくその表明であった。

ドラッカーは『断絶の時代』で、表題通り「断絶の時代」の到来を説き、新しい時代の到来への発想の転換の必要を訴えた。そしてこの「断絶の時代」を新たな発展の機会にすることができると確信した。

それでは、いかにして「断絶の時代」を新たな発展の時代とすることができるか。そこで浮上するのがイノベーションの役割である。「断絶の時代」はイノベーションの結果であると同時に、新たなイノベーションの絶好の機会を準備する。

このイノベーションを、いかにして目的意識的に実現することができるか。その原理と方法はいかなるものか。いまやこのような「イノベーションの体系」の開発が、新しい「断絶の時代」に求められる。これが、ドラッカーの描いた筋書きであったのではないか。そのように思われる。

こうして、ドラッカーにとっては、「断絶の時代」と「イノベーション」とは一体のものであり、したがって著作『断絶の時代』と『イノベーションと企業家精神』はワンセットの作品であった。

『断絶の時代』は、発刊当時（一九六〇年代後半）、フランスの「五月革命」、東ヨーロッパでの「プラハの春」に始まる社会主義民主化運動、米国の主要大学のキャンパスを席巻した学生・若者のベトナム反戦運動や公民権運動、中国での「文化大革命」、日本での「全共闘」運動や「大学紛争」など、「新左翼」的運動が地球的な拡がりを見せていたこともあり、大きな話題を呼んだ。そのような若者世代の反現状的なラジカルな運動が、まさに時代の「断絶」の象徴のように理解され、『断絶の時代』はそれと呼応するように理解される向きもあった。

しかし、ドラッカーは一貫して、「いわゆる新左翼の期待は裏切られる。技術や経済が意味を失ったり、減じたりすることはない。生産活動が重要でなくなることもない」と、それらの運動の不毛を説いた。むしろドラッカーは、この時期の学生を中心とした各種の反体制運動に、かつて一九三〇年代に自分が直面したナチズムに類似した危険を感じ取っていた。ナチズムを弾じたドラッカーの事実上の処女作、一九三九年の『経済人の終わり』の、「一九六九年版への序文」にはそのことが明確に示されている(この点については、本書、第一章の「若者への警鐘」を参照されたい)。

『断絶の時代』の警鐘

それでは、『断絶の時代』はどのような時代の「断絶」を説いたか。ドラッカーが説いたのは、以下の四つの分野での断絶であった(以下、『断絶の時代』の「まえがき」による)。

(1) 新技術、新産業が生まれる。同時に今日の重要産業や中心事業が陳腐化する。
(2) 世界経済が変わる。すでに世界経済は、グローバル経済になっている。世界は一つの市場となり、グローバルなショッピングセンターとなる。
(3) 社会と政治が変わる。それらは、いずれも多元化する。
(4) 知識の性格が変わる。すでに知識が、中心的な資本、費用、資源となった。

ドラッカーはこれらの時代の「断絶」を、――

(1)「企業家の時代」
(2)「グローバル化の時代」
(3)「組織社会の時代」
(4)「知識の時代」

の到来と要約した。

これらの中でも、ドラッカーが「最も重要なこと」としたのは、「知識の性格の変化」であった。ドラッカーは、「経済は、財の経済から知識の経済へと移行した」、「知識の生産性が経済の生産性、競争力、経済発展の鍵となった」という(Drucker, 1969: 邦訳、二七二、三ページ)。したがって、社会を支える労働のあり方も大きく変わりつつある。具体的に、「経済の基礎は肉体労働から知識労働へと移行し、社会的支出の中心も財から知識へと移行した。」(同上邦訳、二九四ページ)その結果、「これからは、学校教育の延長と継続教育の発展との調和が、教育の内容と構造に関わる中心的な課題となる」(同上邦訳、三二〇ページ)という。

こうして、これまで続いてきた「財の時代」から「知識の時代」が到来しつつあり、人々はこの新しい「知識の時代」に備えなければならないという(以上、『断絶の時代』の内容については、第一章で詳しく説明したので、参照されたい)。

ドラッカーは、こうして「断絶の時代」の到来を説き、新しい時代の到来への発想の転換の必要を訴えた。また、この「断絶の時代」を新たな発展の機会にすることができるし、しなければならないと確信した。そして、このような新しい「断絶の時代」に備える最大の武器がイノベーションであり、このイノベーションを志す人々だれでもがそれを目的意識的に追求できる「道具」を体系的に示そうとした。それが一九八五年の著書『イノベーションと企業家精神』であり、「イノベーションの発明」であったのである。

※ 以上は、ドラッカー学会年報『文明とマネジメント』別冊、二〇一一年、所収の「『イノベーションの発明』――P・F・ドラッカー『イノベーションと企業家精神』（一九八六年）の意義」をリライトしたものである。

4. シュンペーターとドラッカーの「結合」

こうしてイノベーションを志す人々が誰でも使えるイノベーションの「道具」としてドラッカーが提示したのが『イノベーションと企業家精神』であり、その象徴としての「イノベーションのための七つの機会」であった。

ここで生ずる一つの問題は、これら「七つの機会」と、先に紹介したシュンペーターのいうイノベーションの「五つの場合」との関係である。

これら「五つの場合」と「七つの機会」は、これまでシュンペーターのイノベーション論、ドラッカーのイノベーション論を象徴するものとして、両者のイノベーション論が話題となる度毎に言及されてきた。しかしそれらは、それぞれ独立に論じられることはあっても、それらの関係が論じられることはなかった。

もとより、それらはいずれも私たちがイノベーションの実践を考える際にそれぞれ重要な指標となってきたものである。しかし、それらの間にどのような関係を読み取ることができるであろうか。

ここでは両者のイノベーション論を目的意識的な実践に役立てるという観点から、「五つの場合」と「七つの機会」についてそれらの事柄の性格をもう少し立ち入ってみることが必要である。

イノベーションの対象領域としてのシュンペーターの「五つの場合」

まずシュンペーターの「五つの場合」についてみると、結論的にいえばそれらはイノベーションの対象となる領域を見事に整理していることである。イノベーションは通俗的な理解のように、なにか革新的な技術の導入ということではなく、具体的に、①新しい財貨、②新しい生産方法、③新しい販路、④原料あるいは半製品の新しい供給源、⑤新しい組織、といった経済活動の多様な側面にわたっており、それらが経済活動の活力の原動力になっていることをシュンペーターは認識させた。

その意味で、シュンペーターの「五つの場合」はイノベーションの「対象領域」を具体的に示している。

これらシュンペーターによるイノベーションの「五つの場合」が私たちに示したもう一つの画期的な意義は、イノベーションというものが単に革新的な「技術」の採用といったことではなく、革新的な技術を含めて社会が有している有形、無形、ハード、ソフトの資源の結合のあり方を改めることによって、これまでなかった新しい社会的価値が生み出されることを示したことである。まさにそれは「資源の新たな組合

ジョセフ・A・シュンペーターの肖像（『シュンペーター再発見・生誕100年記念（別冊経済セミナー）』1983年7月、所載の写真より）

せ」の結果であり、イノベーションをシュンペーターは最初「新結合」といったのはそのことを表現していた。

したがってイノベーションは、その成果を構成している要素を分解してみると、すべて既存の資源から構成されており、何ら革新的な技術要素を擁していないということも多く見られることになる。こうしたイノベーションのシステム的な性格を認識させてくれた点で、シュンペーターの「五つの場合」は画期的な意味をもった。

イノベーションの方法としてのドラッカーの「七つの機会」

一方、ドラッカーが示したイノベーションの「七つの機会」は何を意味しているであろうか。それはすでに『イノベーションと企業家精神』が示しているように、シュンペーターの「五つの場合」との対照でいえば、イノベーションの文字通り「方法」を示している。ここには、イノベーションを具体的に、目的意識的に進めるための方法が、七つの機会として示されている。

シュンペーターがイノベーションを革新的な技術の採用といった通俗的な認識を超えて、「五つの場合」という具体的な対象領域で示したように、ドラッカーはイノベーションの方法を「七つの機会」として具体的に掲げた。ここで注目されるのは、「アイデアによるイノベーション」を目的意識的に追求する方法としては「そもそもアイデアなるものがあまりに曖昧である」として、「七つの機会」から外したことである。このことについて、ドラッカーは次のように説明している。「アイデアはイノベーションの機会としてはリスクが大きい。成功する確率は最も小さく、失敗する確率は最も大きい。」(Dracker, 1985: 邦訳、一五一ページ)

社会通俗的にいえば、イノベーションといえば新技術というイメージと並んで、「新しいアイデア」という漠然としたイメージが付きまとっている。しかしドラッカーは、イノベーションを目的意識的な行為として進めるために、イノベーションの具体的な契機となる機会を分析整理し、リスクの低い、確実性の高いと考えられるもの順に「七つの機会」を抽出した。ドラッカーは「七つの機会」の「順番」を重視し、それらは「信頼性と確実性の大きい順に」並べてあると述べている(Drucker, 1985: 邦訳、一六ページ)。そこで、ドラッカーがとくに重視したのは、第一の「予期せぬ成功と失敗を利用する」ということであった。ドラッカーは、予期せぬ成功ほどイノベーションの機会となるものはない、これほどリスクが少なく苦労の少ないイノベーションはないと述べて、「予期せぬ成功と失敗を利用する」ことに特段の関心を示した。

こうしてドラッカーは、シュンペーターが「五つの場合」を示すことによってイノベーションの形にまつわる革新的技術という社会通念を払拭したように、ドラッカーはイノベーションの方法にまつわる社会通念を払拭しようとしたように思われる。

ドラッカーは、イノベーション論についての先駆としてシュンペーターの『経済発展の理論』を高く評価していたし、その上ドラッカーは父親グスタフを通してシュンペーターとは個人的にも親しい関係にあり、敬愛する先輩であった。ドラッカーは自らのイノベーションの方法を具体的に提示する際、それらを「七つの機会」として提示したのには、シュンペーターがイノベーションの経済活動における役割を一般的にではなく、具体的に「五つの場合」として示したことが念頭にあったのかもしれない。

「五つの場合」と「七つの機会」の結合

こうしてシュンペーターの「五つの場合」とドラッカーの「七つの機会」の性格を整理すると、さらにそれらがどのような関係にあるかがみえてくる。

イノベーションの目的意識的な実践を一つのマトリックスで示すとすれば、シュンペーターの「五つの場合」とドラッカーの「七つの機会」はその二つの座標軸を構成している。つまりそれらは、イノベーションの「対象領域」軸と「方法」軸という二つ座標軸をなしているということである。

これを図示すれば、**図3-1**のようになる。

これによれば、たとえばシュンペーターの「五つの場合」の一つ、新しい財貨(製品、サービス)のイノベーションについて考える際、その方法として「七つの機会」が検討されなければならないということになる。あるいは、七つの可能性があるということである。

こうしてシュンペーターの「五つの場合」のそれぞれについて、ドラッカーのいう「七つの機会」の可能性があるということであり、その可能性が検討対象になるということである。

これによって、いつ、誰にとっても今挑戦しようとしているイノベーションの特性が、「対象領域」軸と「方法」軸の両面から明確に位置づけられることになる。

5. イノベーション論の進化

ドラッカーの『断絶の時代』と、とりわけ『イノベーションと企業家精神』が刊行されて以降、とくにわが国では経済が一九八〇年代のバブル的高揚から九〇年代の不況へ急展開した。これは、社会が一つの転換に

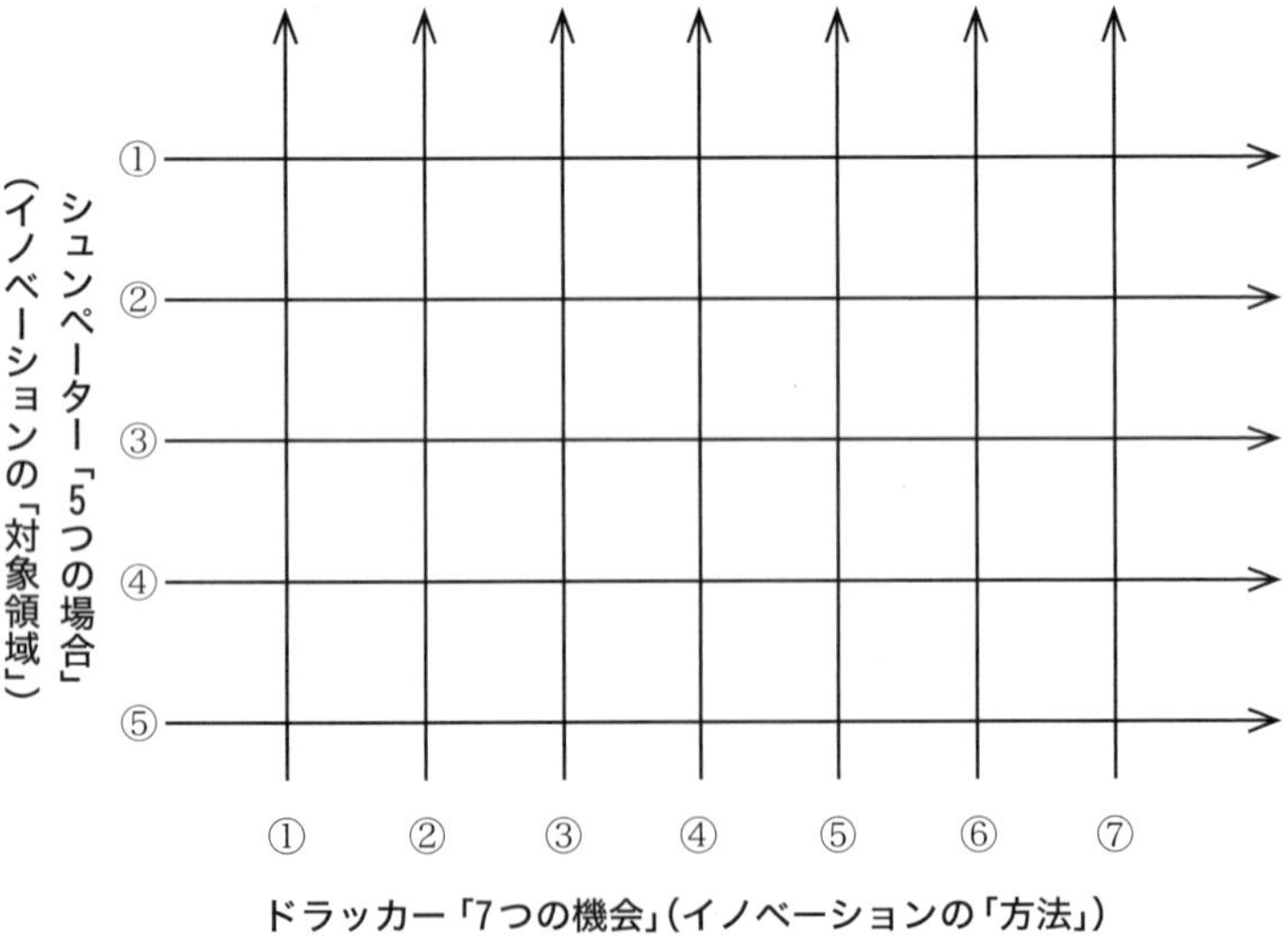

図3-1　シュンペーター「5つの場合」とドラッカー「7つの機会」の結合

直面していることを人々に強く実感させた。そしてこのような状況を背景にして、イノベーションが次世代社会の活性化の切り札として改めて大きく関心を引くことになった。企業界ではこれが新しい競争の手段としてひと際注目が高まり、これまでのイノベーションの経験が掘り起こされ、その方法が理論的に一般化される試みも多くなってきた。二〇〇〇年代に入ると、わが国では、イノベーションへの期待が新しい大学の行き方としての産官学連携の課題とも結びつき、産官学連携によるイノベーションが社会的課題としてもてはやされることにもなった。二〇〇〇年から二〇〇五年の間放映され、ヒットしたＮＨＫの連続番組「プロジェクトＸ」なども、そのようなイノベーションへの社会的、経営的関心を刺激するものであった。

このような社会状況の中で、とくに戦後日本企業のイノベーション経験を日本企業の組織的思考様式、行動様式にまで掘り下げて理論化し、一般理論として世界の経営学界に問うた営みに野中郁次郎氏の「組織的知識創造論」がある。

野中氏の「組織的知識創造論」は、その理論的ルーツを戦後日本企業での技術開発実践、製品開発実践においており、これまでわが国で流布してきた多くの経営理論が欧米発の輸入理論であったのと趣を大きくことにしていた。それは、ドラッカーが提起した「知識革命」の時代を日本がリードできる可能性を示した貴重な成果であり、またドラッカーの『イノベーションと企業家精神』以降のイノベーション論の進化を代表するものとなった。

組織理論のパラダイム革新――人間観の転換

野中氏の「組織的知識創造論」は同氏著『知識創造の経営』(一九九〇年)、同氏と竹内弘高氏との共著『知識創造企業』(一九九六年)に始まる。その後、同氏と勝見明氏との共著『イノベーションの本質』(二〇〇四年)、『イノベーションの作法』(二〇〇七年)、『イノベーションの知恵』(二〇一〇年)などの一連の著作で、「組織的知識創造論」のモデルを検証する多数の事例分析が進められ、それらを踏まえて、改めて遠山亮子氏、平田徹氏との共著『流れを経営する――技術的イノベーション企業の動態理論』(二〇一〇年)でそれまでの成果を集約している。

野中氏は、戦後日本企業が開発した新しい「組織的知識創造」の理論化を展開するに先立って、近代組織理論の出発点となったバーナード理論からはじまるこれまでの各種の組織理論を点検し、そこに共通の発想、パラダイムを見出している。それを野中氏は、次のように要約している。

「諸理論において共通している点は、それらの理論展開の基本的な視点が、第一に人間の『可能性』や『創造性』ではなく、人間の『諸能力の限界』に注目しているということ、第二に人間を『情報創造者』としてではなく、『情報処理者』としてみなすこと、最後に環境の変化に対する組織の『主体的・能動的な働きかけ』ではなく、『受動的な適応』を重視していることである。」(野中郁次郎、一九九〇年、四〇ページ)

このような従来の組織理論の基礎にあるのは、人間の認知能力には限界があるという人間観である。そして、このような限界のある人間の認知能力を克服しようとするところに組織が存在する意義を見出している。

そのような人間観に立って見た場合、組織にとっての基本問題は、環境の不確実性にともなう情報処理の負荷をいかに効率的かつ迅速に解決していくかということになる。したがって、組織とは、そのような一つの情報処理システム、問題解決システムとして意義をもつことになる。また、このような組織観に立った場合、組織とはもっぱら環境の生み出す情報処理の負荷に適合する情報処理能力を構築して適応していく、受動的な存在として理解されるのも必然的な帰結である。

しかし、今日、私たちのまわりで見られるイノベーションの過程をみると、「組織は、むしろ情報を発信あるいは創造して、主体的に環境に働きかけていくのではないか」（野中郁次郎、一九九〇年、四五ページ）と、野中氏はいう。

いまや、人間の「諸能力の限界」ではなく、「可能性」や「創造性」に注目し、人間を「情報処理者」としてではなく、「情報創造者」としてみなし、環境の変化に対する組織の「受動的な適応」ではなく、「主体的・能動的な働きかけ」を重視するような、組織理論のパラダイム革新が必要である。そして、戦後日本企業が開発したマネジメントの方法論、「組織的知識創造論」とこのようなアプローチにもとづくイノベーションのモデルは、まさにこのような課題に応えるもの、少なくともその重要な一つの解答を用意するものであるとしている。

（以上の内容は、野中郁次郎『知識創造の経営』一九九〇年、第一章、野中郁次郎・竹内弘高、一九九六年、第一章、第二章で展開されている。）

「組織的知識創造論」のフレームワーク

それでは、野中氏の「組織的知識創造論」とは、具体的にどのようなフレームワークをもつものか。野中氏の知識創造論の第一の機軸は、人間の知識が客観的知識、つまり形式知と、主観的知識、つまり暗黙知という二つの側面をもつことを前提として、「これらの二つの知識がそれぞれ排他的なものではなく、相互循環的・補完的関係をもち、暗黙知と形式知との間の相転移を通じて時間とともに知識が拡張されていく」（野中郁次郎、一九九〇年、五六ページ）と理解する点にある。

ここで、形式知とは、言語化され、明示化されることが可能な知識であり、他方、暗黙知は、個人に内在化され、言語で表現することが困難な知識でのことである。

個人に内在化された暗黙知が組織にとって有益な情報となるためには、それが明示化され形式知に変換されなければならない。この、暗黙知から形式知への変換過程は、「表出化」と呼ばれている。他方、暗黙知が一旦明示化され、形式化されると、その形式知を通じてさらに新たな暗黙知の世界が拡大していく。この、形式知から暗黙知への変換過程は、「内面化」と呼ばれている。そして、暗黙知と形式知はこのような相互循環作用を通じて量的・質的な拡大を実現していく。暗黙知と形式知の、この相互循環作用こそが知識創造過程のエッセンスである。

野中氏の知識創造論の第二の機軸は、このような認識論的次元の知識創造のエッセンスを、さらに組織論的次元（野中氏はこれを存在論的次元と呼んでいる）のダイナミズムの中で具体的に理解していく点にある。ここで浮かび上がってくるのが「組織的知識創造」のモデルである。

組織はそれ自体として知識を創造することはできない。知識の源泉は、あくまでも個人である。個人の暗黙知こそが知識の源泉である。そこで組織は、個人レベルで創造され、蓄積された暗黙知を組織的知識に、それもグループ・レベル↓組織レベルと、より高いレベルの組織的知識にまで高めていかなければならない。

このような組織的知識の創造を媒介するのは、野中氏のいう四つの知識変換モードである。すなわち、①個人の暗黙知からグループの暗黙知を創造する「共同化」、②暗黙知から形式知を創造する「表出化」、③個別の形式知から体系的な形式知を創造する「連結化」、④形式知から暗黙知を創造する「内面化」、である。このうちで、知識創造プロセスの一番のエッセンスをなすのは、暗黙知が明示的な形式知に転化していく「表出化」のプロセスである。

このような四つの知識変換モードを通じた、いわば「知識スパイラル」によって、個人的な暗黙知が組織的知識、しかもより高いレベルの知識に増幅され、発展させられていく。これが野中氏の「組織的知識創造」のモデルである。

（以上、野中郁次郎、一九九〇年、第二章、野中郁次郎・竹内弘高、一九九六年、第三章を参照。）

事例分析が明らかにしたイノベーションの具体的要諦

「組織的知識創造」のモデルを検証するために、野中氏らはその後、『イノベーションの本質』（二〇〇四年）、『イノベーションの作法』（二〇〇七年）、『イノベーションの知恵』（二〇一〇年）などの一連の著作で、多数の事例分析を展開した。

それらの事例分析を通して野中氏らは、「組織的知識創造」のモデルを検証すると同時に、イノベーション実現の現場に蓄積した豊かな「実践知」を発見した。それらはとても一言では要約できない豊かな内容をもっている。ここではその一端を、それらを著作の目次を通して紹介してみる。

・製品の「コンセプト」にとことんこだわる。
・組織の「知」を徹底的に活用する。
・「個」のコミットメントを限りなく高める。
・人の「才」を存分に発揮させる。
・日々の「生活」や「実践」を根底から大切にする。

（以上、『イノベーションの本質』による。）

・「理論的三段論法」ではなく「実践的三段論法」を身につける。
・「モノ的発想」から「コト的発想」へ転換する。
・「考えて動く」ではなく「動きながら考え抜く」。
・「名詞」ベースではなく「動詞」ベースで発想する。
・結びつかないもの同士の「見えない文脈」を見抜く眼力をつける。
・偶然を必然化する。

（以上、『イノベーションの知恵』による。）

また『イノベーションの作法』では、「新・イノベーターの条件」として、「①真・善・美の理想を追求しつつ、清濁あわせのむ政治力も駆使する、②他者と文脈を共有し、場づくりの力を持つ、③ミクロの中に本質を見抜く直観力とマクロの構想力を持つ、④論理を超えた「主観の力」を持ち「勝負師のカン」を磨く、などの諸点を抽出している。

これらの多くは、イノベーションを実践し成果をあげたものにしかわからない体感のようなものであり、文字通りイノベーションの「現場知」「実践知」である。またこれらの「実践知」は一見泥臭く、日本的な匂いの強いものと思われるかもしれない。

確かにそれらの事例は今までのところ基本的に日本のものである。しかし、イノベーションの成果をあげている現場では、洋の東西を問わずそのような教訓が共通しているのではないかと思われる。このことを確証するためにはさらに事例を広く世界に求めなければならないが、成功したイノベーションを創りだした人間の発想の源泉や、集団的、組織的な日常の営みの生々しいあり様が「組織的知識創造」のモデルを検証するための多数の事例分析を通して確認されたことの意義は大きい。

シュンペーターとドラッカーによって始まったイノベーションの実践論は、一九九〇年代以降の野中氏らの精力的な理論的、実証的営みを通して、確実に新しい進化を遂げつつある。

4. 経営政策は常に陳腐化のおそれがある
——ドラッカー『企業とは何か』はスローンの何を評価し、何を評価しなかったか

ドラッカー『企業とは何か』原著表紙（Tranaction Publishers 社版）

「変化するには経営政策が必要とされる。それを策定する者も必要とされる。しかし経営政策は、その本質および機能からして、しばしば日常の活動から切り離されるおそれがある。事実きわめて多くの企業が……（中略）自分が経営政策をもっていることを知らない。これは重大な危険である。それでは自分たちが行っていることが何であり、なぜであるのかがわからない。意味のなくなった時代遅れの規則を経営政策と名づけ、聖なる牛のように扱うことにもなる。」(Drucker, P. F., 1946, *Concept of the Corporation*: 邦訳『企業とは何か』ダイヤモンド社、二〇〇八年、三九ページ)

はじめに

ドラッカーには、『企業とは何か（*Concept of Corporation*）』と題する、一九四六年刊行の名著がある。本書は、ドラッカーが一九四〇年代半ば、ＧＭそのものからの依頼でＧＭの内部を調査し、それに基づいて書かれた。それは、ドラッカーにとって最初の本格的な企業研究の書であり、ドラッカーが「マネジメントの発明者」としての名を後世に残すことになった、引き続く一連のマネジメントの書、『現代の経営』（一九五四年）、『経営者の条件』（一九六四年）、『創造する経営者』（一九六六年）、『マネジメント――課題・責任・実践』（一九七四年）などの基礎になった記念碑的作品である。また米国を代表する大企業ＧＭの内部組織の、最初のケーススタディでもあった。

ドラッカーはこの著書で、ＧＭの現実を通して、第二次世界大戦後急速に展開し始めた産業社会の代表的組織としての企業の新しいあり方を問おうとした。それは、ドラッカーが認識した企業世界における「すでに起こった未来」の開示であった。またそれは、同時にドラッカーのＧＭへの期待でもあった。ドラッカーが見出した企業の新しいあり方の実現を米国を代表する大企業ＧＭの将来に重ねた。

しかし、本書は、ＧＭの総師アルフレッド・Ｐ・スローンの受け入れるところとはならなかった。スローンは、ドラッカーの本書をみて、その成果を打ち消すべく、一九六三年刊行の『ＧＭとともに（*My Year with General Motors*）』に結実する自著の執筆を決意したとされる。そして、このスローンの著書こそが、以後GM内のいわば経営のバイブルとして君臨することとなった。

ドラッカーは、GMを研究した自著が無視され、代わってスローンの著書が権威づけられた組織の内部状況に対して、GMの将来への危惧を表明した。そのもっとも体系的なものは、『企業とは何か』一九八三年版エピローグにおいてである。

スローンはドラッカーの『企業とは何か』を、自ら依頼した自社GMの内部調査の成果であるにもかかわらず、評価せず、無視した。スローンはなぜ、ドラッカーの『企業とは何か』を評価できなかったのであろうか。

スローンは間もなく自著『GMとともに』を著した。『GMとともに』は、今日でも、経営実学のバイブルとして、世界的に広く読まれ、高い評価を得ている。それにもっとも忠実な組織として固められてきたのは、まぎれもなくGMそのものであろう。しかしそのGM自身が、一九九〇年代以降、とくに二一世紀に入り、なぜ経営危機に直面し、経営再建に呻吟するのであろうか。

他方、ドラッカーは、『企業とは何か』を無視したスローンの経営観に何をみ、そこからGMの将来にどのような危惧を感じたのであろうか。

1．二〇世紀企業改革の雄としてのGM——スローンの功績

少なくとも一九六〇年代まで、GMは二〇世紀企業改革の雄であり、米国企業の象徴であった。今日も米国企業のステータスを表示する『フォーチュン』誌の全米企業ランキングが発表されるようになったのは一九五四年からであるが、それ以来半世紀にわたりGMはそのトップ・グループの座の常連であり続けてきた。スローンは一九二三年から五六年までの三三年間、GMをCEO（最高経営責任者）として率い、GM隆盛の基礎を築いてきた。そのスローンの著書である『GMとともに』は、今日に至るも多くの企業経営に関心をもつ人々に読まれ、「二〇世紀最高の経営書」の一つと評価されている。

このGMの存在を磐石のものにしたのは、一九二〇年代、スローンの主導で実現した経営改革、とくに「事業部制」という組織改革の導入と、「フルライン制」と称される製品ポリシーの採用であった。

GMの設立と経営危機——創立者デュラントの退陣

GMにおける事業部制とフルライン製品ポリシーの導入について語る際、その前提として初めに確認しておかなければならないのは、そもそもGMがどのような経過で成立したかということ

である。

GMは、一九〇八年、投資家ウィリアム・C・デュラントにより、自らの手で育てた当時米国最大の自動車会社、ビュイック(Buick)社を支配する持株会社として設立された。その後GMは、一九〇八年から一〇年にかけて、一八九七年設立の老舗自動車会社オールズ(Olds)社を皮切りに、オークランド(Oakland)社、キャディラック(Cadillac)社など、後にGMの自動車ブランドを構成することになる主要な自動車会社を中心に、合計二五の会社を株式交換などの方法で傘下に収めた。

デュラントは、当時もう一つの有力自動車会社フォード(Ford)社に対しても参加をもちかけたといわれる。しかし、フォード

デトロイト郊外の Genaral Motors 社旧本社ビル（筆者撮影）

はこの話に乗らず、独自の道を歩むことになった。

しかし、一九一〇年、デュラントは買収資金で負った多額の負債のためGMの支配を手放し、GMを去った。

デュラントはGMを去った後、一九一一年、シボレー（Chevrolet）社の設立に関わった。さらに一九一六年、デュラントはピエール・S・デュポンの支援を得てGMにカムバックした。そして、一九一七年には、シボレー社をGMの傘下に収めた。

しかし、一九一九年からの景気低迷はGMの経営を直撃し、工場はほぼ全面的に停止状態に陥った。一九二〇年、ついにデュラントは経営不振の責任をとって社長を辞任し、再びGMに帰ることはなかった。

事業部制の導入

一九二〇年、デュラントが去った後、GMは経営の建直しを迫られていた。デュラントの辞任後社長の座を引き継いだデュポンは、この経営建直しの仕事を、アルフレッド・P・スローンの手に託した。当時スローンは、GM傘下の部品・アクセサリー・メーカー、ユナイテッド・モーターズ社の社長であり、同時にGMの取締役と経営委員会のメンバーにも加わっていた。

スローンは新社長デュポンの要望に直ちに応えて、一九二〇年末の経営委員会に組織改革案を提案した。改革案は、経営委員会、取締役会で承認を得、一九二一年早々から実行に移されることになった。この組織改革案こそが、企業組織改革の歴史を画することになる「事業部制」の導入であった。

スローンがこのように機敏に組織改革案を提起できたのは、すでに一年前に前社長デュラントから求められて改革案『組織についての考察』を準備していたからであった。

GMはすでにみたような主として買収によるその成立経過や、さらに第一次大戦後にとった一層の拡大路線の結果として、大きなひずみと弱点を抱えていた。それが経営不振時に一挙に噴出してきた感があった。スローンは、その状況を次のように述べている。

「GMは組織に大きな弱点を抱えていた。第一次世界大戦中、そして戦後のインフレ期には表立ったひずみは見られなかったが、一九一九年末から二〇年にかけては見過ごせない問題へと発展した。各事業部ともに生産能力の拡大を計画しており、要求すれば巨額の予算を得ることができた。ところが、資材コストと労働コストが急騰したため、拡大の完了を待たずに予算が底を突いてしまった。各事業部の支出は軒並み予算をオーバーした。事業部間で予算の奪い合いが始まり、経営上層部でもさまざまな思惑が交錯するようになった。」(Sloan, 1963: 邦訳、三六ページ)

スローンの『組織についての考察』は、このような状況を打開することを念頭において作成されたものであった。したがってそれは、抽象的、一般的な組織理論からの結論ではなく、現実にG

Mが直面していた組織上の解決課題からの帰結であった。

この点で留意される価値があるのは、化学会社デュポン社の採用した事業部制との違いである。一九一六年デュラントのGMカムバックを支え、また一九二〇年デュラント退陣後、GMの社長に就任したのがデュポン社を率いるピエール・デュポンであったこともあって、GMの事業部制はデュポン社に倣ったものであるかのようにみる向きもあった。しかし、両社における事業部制導入の事情を具体的にみてみると、全く正反対の状況がその背景になっている。

一方のデュポン社は、よく知られているように一九世紀からの著名な爆薬製造会社であったが、第一次大戦を境に急速に化学会社として製品分野の多角化を展開した。しかし、その組織体制はそれまで、伝統的な当時の多くの合衆国企業と同じように機能部門別の集権的な組織体制をとっていた。そこで、デュポン社にとっては、多角化した事業構造に相応しい組織体制として、分権的な事業部制が志向された。

他方、GMの方は、事情は全く逆であった。すでにみたその成立ちの経過からわかるように、GMは、そもそも著しく分権化された状況におかれており、極端にいえば、独立会社の寄り集まりといっていい状況であった。ここでは、むしろ分権化のメリットを残しつつも、いかにして一つの会社としての統一性を確立するかが課題であった。

スローンの作成していた『組織についての考察』は、GMのこのような現実的な課題を解決しようとしたものであった。

こうしてデュポン社とGMは、実際、人脈と資本で深いつながりをもっており、しかもほとんど同じ時期、第一次大戦直後に事業部制の導入に踏み切ることになったが（デュポン社の方は、GMの導入の九ヶ月後に事業部制を採用した）、その現実的な背景は、全く異なるものであり、それぞれ独自の必要から結果的には同様の仕組みをもつ組織体制に行き着くことになったのであった。

実際、米国の多くの企業も、また世界の主要企業も、そのころから規模の拡大と事業構造の複雑化の中で急速にデュポン社やGMと同様の企業組織問題に直面することになった（あるものは過度の集権化に、またあるものは過度の分権化に）。このような課題に先進的な解決形態を世に提示した両社の経験は、当時の企業の直面する問題に有力な解答を提示することになった。そのようなこともあって、事業部制はその後、デュポン・タイプの企業でも、GMタイプの企業でも、企業の世界に広く普及することになった（以上、事業部制の採用については、Chandler, 1962を参照）。

スローン『組織についての考察』の考え方――事業部制の原理と実践

それでは、事業部制構築の基本となった、スローンが『組織についての考察』で提示した組織改革構想とはどのようなものであったか。

その要点をスローンの著書『GMとともに』にもとづいてみておく（Sloan, 1963: 邦訳、六〇～七ぺージ）。

まず前提となっているのは、「従来の効率性をいっさい損なわないようにしながら、幅広い事業全体に権限ラインを確立して、全体の調和を図る」ことである。

その上で基本となるのは、次の二つの「原則」である。

原則1　各事業部の最高責任者は、担当分野についてあらゆる権限をもつこととする。各事業部は必要な権限をすべて有し、自主性を十分に発揮しながら筋道に沿って発展を遂げていける。

原則2　全社を適切にコントロールしながら発展させていくためには、本社が一定の役割を果たすことが欠かせない。

ここには、事業部への「分権化」と、本社による一体的コントロールのための「集権化」という、よく知られた事業部制の二つの大原則が述べられている。このように述べてしまうと、何の変哲もない原則の表明である。

しかし、周知のように、事業部制の成功も失敗も、この二大原則の現実の運用に懸かっているといっても過言ではない。事業部制を採用した企業にとっては、かつても今も、この原則の有効な運用との闘いである。

そのことを誰よりも早く体感したのは、多分スローン自身であったであろう。そのような現実の苦労を、スローンは次のような言葉で語っている。

「組織について語る際にはいつも、適切な表現が見つからずに苦しむ。さまざまな相互関係の実情を、ありのままに表せないのである。加えてその都度、各事業部の完全な独立、調和の必要性、本社によるコントロール、などといった別の側面に光を当ててしまうのである。しかしいずれにせよ、カギを握るのは『相互関係』である。」(Sloan, 1963: 邦訳、六三ページ)

スローンはそのことを察し、五つの「目的」という形で、さらに上の原則をいかに運用すべきかを説いている。

目的1　各事業部の役割を明確にする――その際には他事業部との関係のみならず、本社組織との関係をも定めなければならない。

目的2　本社組織の位置づけを定め、全社との足並みを揃えながら必要で合理的な役割を果たせるようにする。

目的3　経営の根幹に関わる権限は、社長すなわちCEO(最高経営責任者)に集中させる。

目的4　社長直属のエグゼクティブを現実的な人数に絞り込む。他に任せておけばよい事柄から社長を解放して、より大きな全社的な課題に集中させるためである。

目的5　事業部や部門が互いにアドバイスを与え合う仕組みを設けて、それぞれが全社の発展に寄与できるようにする。

以上のような原則と目的にもとづいて形作られたGMの事業部制は、一九二一年早々から実施された。この組織構図の基本は、第二次大戦後も、さらに二一世紀の今日に至るまで変わることなく継続している。

『GMとともに』が刊行されたのは一九六三年である。スローンはそれまでの実践を振り返り、同書の締めくくりの部分で、繰り返し事業部制運用の難しさと、同時に事業部制の筋道の有効性を説いている。

スローンは、「なぜある経営が成果を上げ、他がつまずくかは、容易には述べられない」としながらも、「権限の分散と集中をうまくバランスさせ、分権化を進めながらも全体の足並みを揃え続けるのが、優れた経営の秘訣である」(Sloan, 1963: 邦訳、四九一ページ)と述べている。

スローンは、さらに以下のように述べて同書を締め括っている。

「本書ではGMの組織についても説明したが、読者の皆さんに、私が『組織はすでに完成している』と考えているとの印象を与えてしまっていなければよいのだが。企業は例外なく変わり続けていく。変化は好ましい方向、好ましくない方向、両方があり得る。私はまた、組織は放っておいても動いていく、との印象を皆さんに残していないことも願っている。組織が判断を下すことはあり得ない。組織の動きは、既存の尺度に沿って、秩序立った判断が下せるような枠組みを用意することだ。判断を下し、その判断に責任を持つのは、一人ひとりの人材である。」(Sloan, 1963: 邦

訳、四九九ページ）

製品ポリシーの刷新――フルライン制と年次モデルチェンジの採用

スローンがGMの経営立て直しのために、組織改革と並んでもう一つ迫られていたのは、製品ポリシーの構築という課題であった。

一九二一年当時、米国自動車業市場では、フォードが単一車種T型フォードを戦略車種として低価格車市場を席巻し、市場の約六〇％（台数ベース）を占有していた。

これに対してGMは、七つの製品ラインで合計一〇車種を製造しており、フォードに次ぐ第二位の自動車メーカーではあったが、低価格車市場では全くといっていいほど精彩がなく、GMのシボレーはT型フォードに価格、品質ともに太刀打ちできるレベルにはなかった。GMの市場シェアはわずか一四％を占めるにとどまっていた（**図4-1**を参照）。

とくにGMの問題は、デュラントの時代に多数の独立会社の合併によってできたという経緯を引きずって、製品ラインの混乱は整理されないままにきていたことであった。GMにとって、組織改革と並んで、一貫した製品ポリシーの構築が大きな課題であった。

一九二一年GMの経営委員会は、特別諮問委員会を設置し、製品ポリシーを検討することになった。経営委員会からは、スローン自身が参加した。

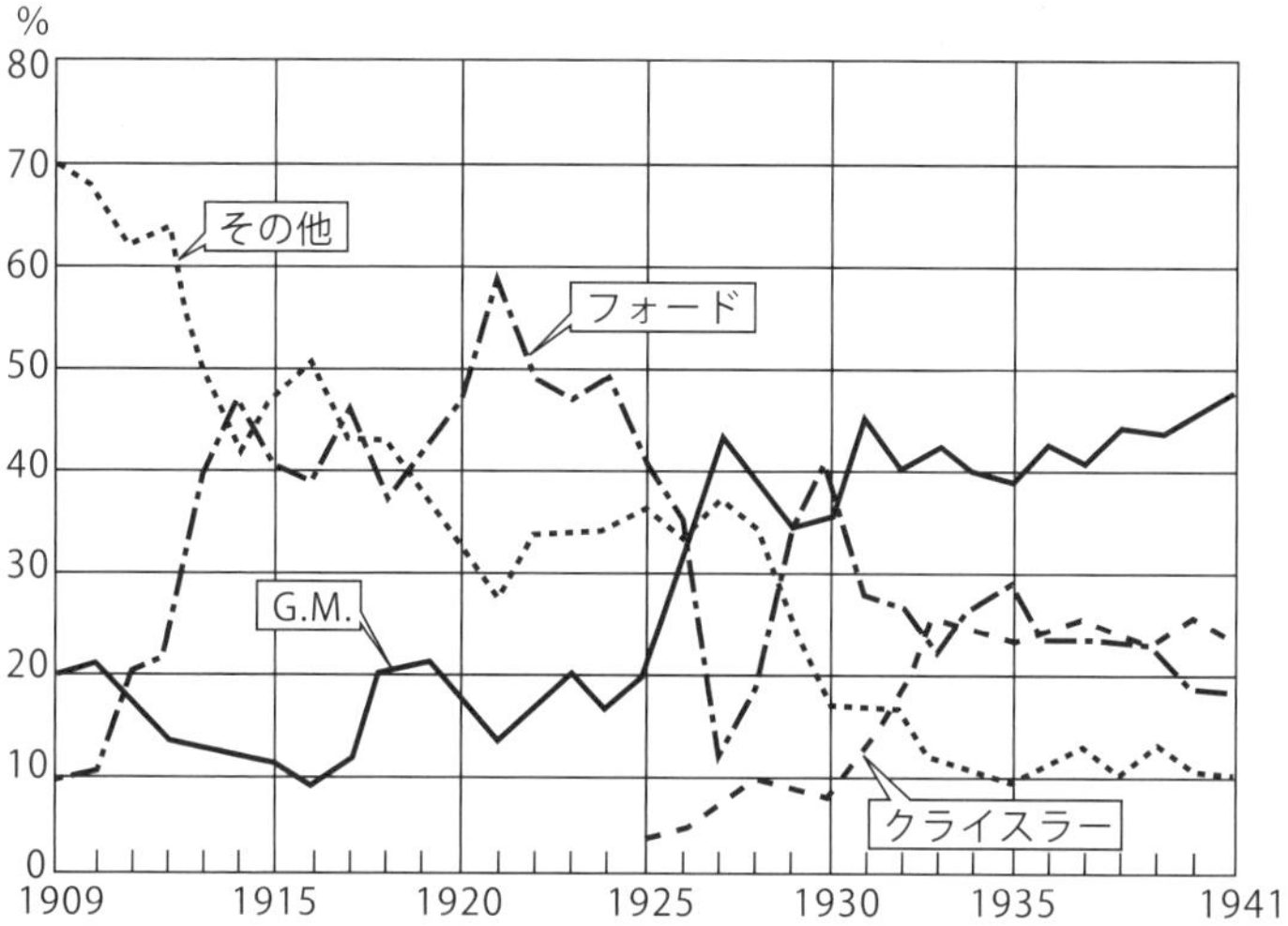

図 4-1　米国自動車産業市場シェア推移：第 2 次大戦前

〔出所〕山崎清、1969、115 ページ。

GM	価格水準	FORD
キャデラック	$ 3,000 ～ 4,000	リンカーン
↑		
ビュイック	$ 1,500 ～ 2,000	
↑		
オークランド	$ 1,000	
↑		
オールズモビル	$ 900	
↑		
ポンティアック	$ 800	
↑		
シボレー	$ 600	
	$ 300 ～ 500	フォード

図 4-2　GM のフルライン制整備：1920 年代初頭

〔出所〕Chandler, 1964: 邦訳、242-244 ページより作成。

ここで、次のような製品ポリシーが確認された（Sloan, 1963: 邦訳、七七ページ）。

①すべての価格セグメントに参入する――大衆車から高級車まで生産するが、あくまでも大量生産を貫き、少量生産は行わない。

②各セグメントの価格幅を工夫し、規模の利益を最大限に引き出す。

③GM車どうしの競合をさける。

この結果をモデル化して示せば、**図4-2**のようである。

こうして、成立以来雑然としていたGMの製品ラインは、低価格車から高価格車へ、人々の所得水準の上昇に伴うニーズの変化にマッチしたフルライン制に再編成されることになった。このようなフルライン製品ポリシーは、その導入以降、GMがフォードとの市場競争で強力な武器となり、並行した組織改革の効果と相俟って、GMとフォードの一九二〇年代の歴史的逆転を実現させる基盤となった。またこのフルライン制製品ポリシーは、GMでの成功以来今日まで、自動車市場に止まらず、耐久消費財市場に共通の製品ポリシーの基本モデルとして普及することになった。

フルライン制と並んで、GMの製品ポリシーの一翼を担ったのは、年次モデルチェンジの制度化であった。フルラインを構成する各車種はモデルチェンジを年中行事とするように仕組まれた。毎年一〇月には、それぞれの年度の新モデルが発表されるのが恒例行事となった。

このようなモデルチェンジの背景にあったのは、自動車の仕様がオープンカーから蔽い付きのクローズドカーに転換していたことがあった。この変化を主導したのもGMであったが、このような自動車の仕様の進化は、ボディーをさまざまにデザインする可能性をつくり出した。

このような製品ポリシーは、自動車という大量生産製品の、生産と消費の社会的サイクルを保証するメカニズムをつくり出すことになった。これはまた、今日に至るまで、自動車のみではなく、多かれ少なかれ耐久消費財マーケッティングのビジネスモデルをつくりあげてきている。

2．GM調査からドラッカーは何を学んだか
――ドラッカー『企業とは何か』があきらかにしたこと

一九二〇年代に導入され、以後二〇世紀の企業組織改革の大きな指針となってきたGMの事業部制を実際にGMの内部にまで入って調査し、その現代的意義を誰よりも早く社会的にあきらかにしたのは、ドラッカーであった。一九四六年に刊行された『企業とは何か』は、二〇世紀前半から半ばに、急速にその社会的存在感を増してきた大企業組織の実態と社会的意味を、その内部の具体的な実態を踏まえて解明した最初の学術書であった。

ドラッカーは同書の中で、到来しつつある産業社会において人間の生活と生き方を規定し、方向づけ、その社会観を定め、また問題を生み出すとともに問題を解決していく代表的な社会組織が

を強調した。

「企業」という存在であることをあきらかにし、この社会的存在を徹底的に分析することの重要性

このような観点に立って、ドラッカーは、一九四三年、機会を得て実現した米国の代表企業GMの内部調査をベースに、具体的に現代の企業は次の三つの側面をもつことをあきらかにした。

第一、事業体としての企業

第二、社会の代表的組織としての企業

第三、産業社会の存在としての企業

事業部制の評価

まず第一に「事業体としての企業」という側面では、ドラッカーは、「そもそも企業が社会や人間のために働くには、事業体として機能できなければならない。あらゆる組織と同じように、まず組織として存続することが必要である」ことを強調した。

さらにそのうえで、「企業とは人間組織である」ということ、「企業においてもっとも重要なものが人間組織である」ということ、そして「人間組織の存続こそ絶対の規範である」とした（以上、Drucker, 1946: 邦訳、二六〜七ページ）。

このような企業の存在意義の確認に立ち、ドラッカーは、そのような企業存続のための経営戦

略として、ＧＭが一九二〇年代に実現した組織改革、組織分権制としての事業部制の原理とその機能、その意義を詳細にあきらかにした。ＧＭの組織改革、事業部制についての紹介は、企業研究史上はじめての試みであり、社会的に大きな関心を呼んだ。ドラッカーの『企業とは何か』は、この事業部制を最初に世に紹介した業績であり、事業部制が後に企業の組織改革の流行となるきっかけとなった。

ドラッカーは、はじめに「企業は存続しなければならない」として、次のように問題提起をする。「企業にとって重要なことは、経済効率に優れた生産という共通の目的に向けた人間活動のための組織として存続することである。そのために必要とされるものが、管理と目的を調和させ、弥縫策ではない変化への対応を可能にし、かつ現場の仕事を評価するための尺度と枠組みとなりうる経営政策である。」(Drucker, 1946: 邦訳、四一ページ)

これに続けて、ドラッカーは問う。「企業はこれらの問題を解決できるだろうか」と。

このような問いへの回答として、ドラッカーはＧＭの事業部制、分権制を評価する。

ＧＭは、「規模に伴う問題」「多様性にかかわる問題」「事業部の自立性にかかわる問題」、さらに「一体性の問題」といった相矛盾する関係も含むような多様な問題を抱えた大企業である。このような現代を代表する企業であるＧＭが、事業部制を採用し、これらの問題を一体的に解決するのに成功した。ドラッカーはいう。

「事業部に最大限の独立性と責任を与えつつ、全体の一体性を保持した。集権と分権のバランスに成功した。これがGMの分権制である。」(Drucker, 1946: 邦訳、四六ページ)

「こうしてGMは、分権制を採用し成功した。GMの分権制は、本社経営陣と事業部経営陣の関係に止まらない。職長を含むあらゆるマネジメント上の階層に適用される。それはまたGMの内部に止まらない。事業上のあらゆる取引先、とくにディーラーとの関係にまで適用する。まさにスローンとその同僚にとっては、分権制こそ、近代産業社会の直面するほとんどあらゆる問題への答えである。」(Drucker 1946: 邦訳、四六ページ)

こうして、分権制はGMにとっては、広く適用されるべき組織の基本原理となった。ドラッカーはこの分権制がいかにメリットに富むものであるのかを、GMの内部の、以下のような生の声を紹介して示している。

・意思決定のスピードが速い。
・GM全体の利害と事業部の利害との間に対立が生じない。
・万事に公正が確保されている。
・民主的な実力主義が実現されている。
・エリートとその他大勢の差別がない。
・マネジメントの責任を担う人間が大勢いる。

・事業部の業績や事業部長の能力がはっきり現れる。
・何のために何を行っているかがわからないという、一方的な命令によるマネジメントは行われていない。

ドラッカーは「GMでは、分権制は組織の原理として正しいとされているだけではない。現実に実行され、成果をあげている」(Drucker, 1946: 邦訳、四八ページ)と、彼自身のGM内部での調査の実感を通して分権制を高く評価している。

しかし、他方でドラッカーは、外部環境の変化との関係で、経営政策には絶えず陳腐化のおそれがあることも指摘した。

「変化するには経営政策が必要とされる。それを策定する者も必要とされる。しかし経営政策は、その本質および機能からして、しばしば日常の活動から切り離されるおそれがある。事実きわめて多くの企業が……(中略)自分が経営政策をもっていることを知らない。これは重大な危険である。それでは自分たちが行っていることが何であり、なぜであるのかがわからない。意味のなくなった時代遅れの規則を経営政策と名づけ、聖なる牛のように扱うことにもなる。」(Drucker, 1946: 邦訳、三九ページ)

経営政策についてのこの指摘は、ドラッカーの予想を越えて、スローンおよびGMトップとの関係で厳しい問題を孕むことになった。

従業員関係のあり方

第二の、「社会の代表的組織としての企業」という側面からは、ドラッカーはとくに企業という組織とそれを構成する従業員との関係の新しいあり方を提案した。

ドラッカーは、まず、「もし企業がアメリカ社会の代表的組織であるならば、それはこれらアメリカ社会が信条とするものを体現する存在でなければならない。一人ひとりの人間に機会の平等を与え、位置づけと役割による尊厳をあたえなければならない」という考え方を出発点におく。そして、「一人ひとりの人間に位置づけと役割が必要であるということは、産業社会にあっては、人は社会における位置づけと自己実現の喜びを、企業の一員すなわち従業員として得るより他にないことを意味する。すなわち個としての人間の尊厳は、仕事を通じてのみ得られる」(Drucker, 1946: 邦訳、一三〇～一ページ)する。

しかし、現実の産業社会では、人々の社会における位置づけと役割、自己実現と充足が必ずしも実現されているわけではない。それはなぜか。その一つの答えは、現代最先端の大量生産工場での仕事がいかにも単調で、それは創造力の発揮どころか、単なる賃金のための労働になっているからである。

しかし、ドラッカーはこのことが示す一面の真実を認めつつも、問題のより重要な点は、仕事の内容ではなく、仕事の重要度への認識であると指摘している。そして、実例を戦時生産の経験から取っている。ドラッカーはいう。
「戦時の経験はさらに多くを教える。イギリスでは、戦時下にあって働く人たちが、かつてない充足、自己実現、市民性、自信、誇りを経験したことが報告されている。しかもこの現象は、機械化が加速的に進行するなかで見られた。アメリカでも西部のある航空機部品メーカーから似た経験が報告されている。」(Drucker, 1946: 邦訳、一四六〜七ページ)
「これらのことは、何が問題かを明確に示している。確かに単調さという問題は残る。……だが最大の問題は、それら作業上のものではなく、社会上のものである。大量生産産業では、仕事に働きがいを見出すうえで必要な、仕事の意義づけが行われていない。そこに働くものは、いかなる製品もつくっていない。何をなぜ行っているかを知らない。仕事は賃金以外にいかなる意味もない。」(Drucker, 1946: 邦訳、一四七ページ)
現代企業における従業員という存在についての、このような評価に立ち、ドラッカーは企業が直面する問題を解決し、創造性を高めるために、仕事をすすめるうえでの、さまざまな側面での従業員の参画を提案した。ドラッカーはいう。
「したがって難しくはあっても、働く者のために行っている職場コミュニティにかかわる仕事に、働く者自身を参画させなければならない。今日経営側は、それらの仕事を働く者たちに行わせず、自ら行いすぎている。」(Drucker, 1946: 邦訳、一八四ページ)

企業の社会的責任について

第三の、「産業社会の組織としての企業」という側面からは、とくに企業という組織の果たすべき社会的責任について強調した。

この点でドラッカーが立脚するのは、「いずれにせよ企業とは、社会のための道具であり、社会のための組織である」という点である。「したがって、社会は企業に対し、その存在理由である経済的機能を果たすことを要求しなければならない。これこそ企業に対する絶対の要求である。企業が存続し機能するうえで必要とする絶対の要求と並ぶ絶対の要求である」と、ドラッカーはいう（Drucker, 1946: 邦訳、一九六ページ）。

それではこれらの二つの絶対的な要求はいかなる関係にあるのか。社会が繁栄し機能していくうえで必要な条件と、企業自身が機能するうえで必要な条件は、調和するのか、対立するのか。「ここで少なくとも言えることは、社会が自由企業体制の下で機能するには、これら二つの条件が同一の経済政策によって満たされなければならないということである。社会の利益のための経済政策が、企業が機能するための経済政策と相容れないのであっては、社会と企業のいずれもが麻痺することになる」（Drucker, 1946: 邦訳、一九六〜七ページ）と、ドラッカーはいう。

こうしてドラッカーは、現代企業は自らの存続のためにその経済的機能を果たすと同時に、自らの属する社会の存続のためにその機能を発揮する社会的責任があることを強調した。

企業世界における「すでに起こった未来」：ＧＭへの期待と警鐘

ドラッカーは、こうしてＧＭの調査をベースにして、第二次世界大戦終了とともに幕開けするであろう産業社会において、その社会的核心となるべき企業のあり方を早々に世に問うた。それはまさに、ドラッカーがみた企業世界における「すでに起こった未来」の開示であった。

その核心は、①事業部制に体現される、集権と分権の統合された新しい管理システムの時代の到来、②従業員の意欲を生かし、個々人の成長を引き出す従業員関係の必要、③産業社会の中核的存在としての企業の社会的責任の要請であった。このような、ドラッカーがみた企業世界における「すでに起こった未来」の開示は、同時に直接調査対象としたＧＭに対する期待であり、また警鐘でもあった。

①事業部制の採用については、ＧＭの果たした先駆的な役割を高く評価した。またそのことで、ドラッカーの『企業とは何か』そのものが当時の企業の組織改革の最先端のモデルを提示する役割を果たした。

他方、②従業員関係のあり方と③企業の社会的責任については、当時、企業のあり方として理想論に近いものであった。ドラッカーは当時、これから米国、さらに世界をリードすると思われる大企業GMに対する期待を込めてこのことを強調し、同時に将来のあり方への警鐘も意図したと思われる。

しかしさらに、事業体としての企業の評価に関わって、ドラッカーはより根本的な、重要な警鐘を残した。それは、外部環境の変化との関係で、「経営政策は絶えず陳腐化のおそれがある」ことを指摘したことである。

3.『企業とは何か』とスローン
——なぜスローンは『企業とは何か』を評価しなかったのか

ドラッカーは、GMの細密な内部実態調査の結果を踏まえ、それを通して第二次大戦後急速にその存在感を拡大してくる企業の社会的な意味、役割を、『企業とは何か』を著わして世に問うた。それはドラッカーからすれば、企業のあり方について「すでに起こった未来」をあきらかにすることを意味した。『企業とは何か』は、当初のGM経営陣や出版社の予想に反して、ベストセラーとなった。

ドラッカーは、当然のこととして、米国のどの企業よりもGM自身が自分の意見に耳を傾けてくれることを期待した。

しかし、GMの総師スローンは、ドラッカーにGM調査を自ら勧め、調査活動を好意的に支援したにもかかわらず、その成果である『企業とは何か』を全く評価しなかった。というよりもむしろ、これを意識的に無視した。

スローンは刊行された『企業とは何か』に言及することは一切なかった。また、ドラッカー自身によれば、この著作はGM社内でおかれることも、言及されることも固く禁じられたという。

スローンはドラッカーの『企業とは何か』が刊行された一七年後の一九六三年、彼自身が生涯を閉じる三年前に、今日も「二〇世紀最高の経営書」といわれる名著、『GMとともに』を世に問うた。この中では、スローン自身が主導してきたGMの経営改革の詳細が自伝風に紹介されている。そのハイライトは、彼自身も自負するように、何といっても一九二〇年代の事業部制、分権制の導入と、もう一つ、フルライン制と称される画期的な製品政策の採用であった。それは、これらがGM再建の切り札であったからである。

後日、スローン自身がドラッカーに語ったところによれば、『GMとともに』を書く気になったのは、実はドラッカーの『企業とは何か』の刊行であったという。しかし、この『GMとともに』の中でも、先行してGMの事業部制の原理とその意義を世に紹介したドラッカーの『企業とは何か』に触れることは一切なかった。

スローンは、なぜドラッカーの『企業とは何か』を評価しなかったのか。あるいは無視したのか。

ドラッカーは、後年、『企業とは何か』の一九八三年版の終章にくわえたエピローグ「成功を原因とする失敗」の中で、スローンが『企業とは何か』を受け入れなかった理由として、つぎの三つの点をあげている。

第一、経営政策（マネジメント）についての考え方

第二、従業員関係、従業員政策についての提言

第三、大企業は公益に関わりがあるとする考え方

そして、これらのいずれもが、戦後のＧＭの成功の元となり、しかしまたのちには不振の元となったものであったと述べている。

これらの点をもう少し具体的にみてみる。

経営政策（マネジメント）についての考え方と、製品ポリシーの無評価

スローンとＧＭにとって気に入らなかった第一の点は、「経営政策というものは一時的なものでしかありえず、常に陳腐化のおそれがある」というドラッカーの考え方であった。

スローンとＧＭにとっては、「経営政策とは原理であって恒久的たるべきもの。少なくとも長期に続くべきもの」であった。つまりスローンとＧＭは「物理の法則のような絶対的な原理を発見したと考えていた。それは徹底的に検討し検証したものであって、間違いのありようのないもの」だった。

しかし、ドラッカーは、「経営政策というものは、人が考えたものであるからして唯一絶対たりえず、せいぜいのところ、正しい問いを見つけるための問題提起にすぎない」と考えていた。

ドラッカーは述べている。

「GMが認めることのできなかった考えが、マネジメントについてのこの考え方だった。彼らはマネジメントという科学の先駆者を自認していた。マネジメントとは医学と同じように、基本的に実務であり、科学はその道具にすぎないとの私の考えは到底認めることができなかった。事実GMは、戦後、一九二〇年代から三〇年代にかけて練り上げた経営政策と組織構造に復帰し、部分的な修正は加えたもののほとんどそのまま今日に至っている。」(Drucker, 1946: 邦訳、二七二〜四ページ)

このことに関わって、気づくことは、スローンが著作『GMとともに』の中で一九二〇年代初頭のGMの経営再建の支柱として、事業部制の採用と並んで大きく自負した製品ポリシーの構築、フルライン制の採用について、ドラッカーは全く言及しなかったことである。後の経営学者、経営史学者は今日に至るまで、スローンの『GMとともに』に対する高い評価に依りつつ、一九二〇年代のGMの経営革新とそれが残した影響を語るとき、事業部制の導入と並んでフルライン制製品ポリシーの採用への高い評価を語るのが常である。しかしドラッカーは、すでに一九四六年の時点の著書で、事業部制への積極的な評価と対照的に、製品ポリシーの刷新に対する評価を示すことはなかった。経営政策の陳腐化についての上記の指摘は、このことと無縁ではないと思われる。ドラッカーからすれば、事業部制の採用が経営組織における集中と分権に関わる根本的な問題提起であった。これに対して、フルライン制製品ポリシーの構築は、いずれ賞味期限が到来する一つの経営政策のレベルの革新とみていたのではないか。

しかし、このようなドラッカーのスローン改革の評価は、スローンおよびGMトップとの関係で厳しい問題を孕むことにならざるをえなかったのである。

従業員関係、従業員政策についての提言

第二に、スローンとGMが気に入らなかったのは、従業員関係、従業員政策についての考え方であった。

ドラッカーは『企業とは何か』で、第二次大戦時下での経験から、「戦後の従業員関係の基本は、仕事と製品に誇りをもちたいという従業員の意欲におくべきであり、労働力はコストではなく資源としてとらえるべきである」ということを提言した。

「マネジメント的視点をもつ責任ある従業員と、職場コミュニティの実現」がドラッカーの一貫したキーワードであった。

この考え方は、スローンの後継者と目されていた当時の社長、チャールズ・E・ウィルソン

（Willson）の賛意を得ていたが、スローンやGMのトップ主流の共感を得ることができなかった。さらに、この考え方に対しては、全米自動車労働組合（UAW）が強烈に反対した。従業員の全米横断組織からすれば、ドラッカーの考え方は、組織分断を進めるものだったからである。

こうして、従業員関係についてのドラッカーの考え方はスローンとGMトップ主流の受け入れることとはならず、無視された。戦後この考え方を、むしろ積極的に受け入れたのは、日本企業であった。

この点について、ドラッカーは次のように述べている。

「責任ある従業員と職場コミュニティの実現を目指したウィルソンの試みをつぶしたGMの経営幹部が大きな間違いを犯したことは、いささかの疑いもない。しかしそれ以上に、労組のリーダーたちの行ったことが間違いだった。そうすることによって彼らは、アメリカの労働組合運動を不毛と無能に追い込み、やがてまったく無意味な存在にしてしまった。私自身について言うならば、マネジメント的視点をもつ責任ある従業員という考えこそ、もっとも重要な考えであって、社会に対する最大の貢献だったと自負している。」（Drucker, 1946: 邦訳、二八〇ページ）

大企業の社会的責任について

第三に、スローンとGMが気に入らなかったのは、大企業の社会的責任についての考え方であった。

ドラッカーは『企業とは何か』で、企業は公益に関わりがあるとし、社会の問題にも関係をもたざるをえないとした。しかし、スローンとGMの経営幹部は、GMに経済的機能を超えた権限と責任を与えることを拒否した。スローンにとって企業とは、それに固有の機能、つまり経済的機能に専念すべきものだった。

「権限なきところに責任はなく、社会的な責任を自負する企業は、いかに自制しようとしても、社会的な権力を要求することになるという考えそのものは間違いではなかった。また、企業に限らずあらゆる組織が、その得意とする能力に限りがあり、その能力を超

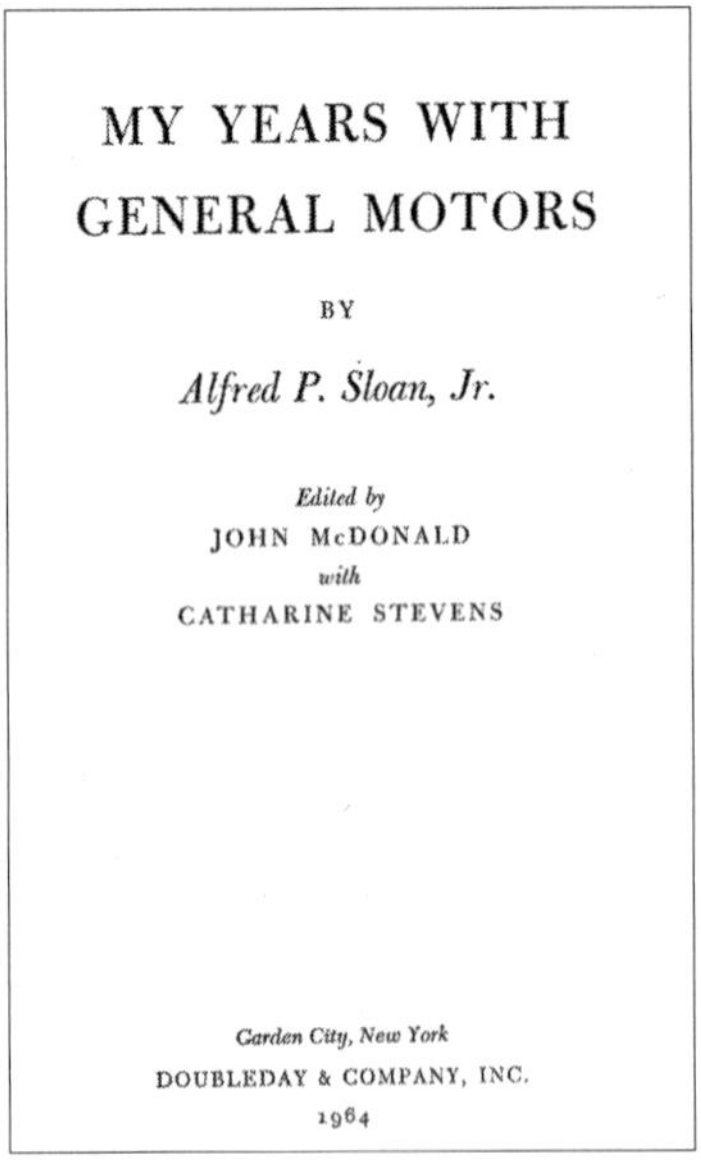
MY YEARS WITH
GENERAL MOTORS

BY

Alfred P. Sloan, Jr.

Edited by
JOHN McDONALD
with
CATHARINE STEVENS

Garden City, New York
DOUBLEDAY & COMPANY, INC.
1964

アルフレッド・P・スローン『GMとともに』原著表紙

えた領域では成果はあげられないという考えも間違いではなかった」と、ドラッカーもGMの考えに理解を示している（Drucker, 1946: 邦訳、二八四ページ）。

しかし、ドラッカーは主張した。「今日われわれは、いかに理屈が通っていようとも、GMの考えが適切でなくなったことを知るに至っている。それは、一般に言われるように、企業、病院、大学、労組などの組織には、それぞれの機能と能力を超えた社会的責任があるがゆえに適切でなくなったのではない。われわれは今日、新しい種類の多元社会を迎えている。……（中略）まさにこのような変化を認めず、自らのやり方や、ほかとの関係、責任、立場について徹底的に検討しなかったことが、GMのその後の弱化の原因となり、ある意味では経営陣としての責任の放棄を招いたといえる」（Drucker, 1946: 邦訳、二八五ページ）、と。

4．GMの窮状とドラッカーの警鐘

一九七〇年代以降GMの窮状

スローンが生涯を閉じたのは一九六六年、『GMとともに』を世に問うた三年後のことである。そのころまでのGMは、売上高純利益率が大体七%台以上を保ち、米国ナンバーワン企業に相応しい業績を確保してきていた。

そのような実績を背景に、GMは自ら米国を代表する企業であることを自認し、また社会的にも広くGMが米国を代表する企業であると認められる状況がつくられていた。

一九五三年から五七年の間アイゼンハウアー大統領政権下で国防長官に抜擢されたGM社長チャールズ・E・ウィルソンは、「GMによいことは、米国にとってもよいことだ」といったとして世間のひんしゅくを買ったこともあった。ただこの件については、実はウィルソンは一九五三年の国防長官就任時の議会の承認聴聞会で、「米国にとってよいことは、GMにとってよいことである」といったことが曲解されたのであるが、しかしそのような誤解が生じても不思議ではない世間の雰囲気があった(Drucker, 1993: 邦訳、一七九〜八〇ページ)。

しかし、一九七〇年代に入って以降、GMの経営業績の足取りは、危うさを感じさせることが多くなってきていた。

GMの経営業績は、一九七〇年代に入ると、売上高純利益率が六%台以下に割り込み、一九八〇年にはマイナスへの落込みを経験した。さらに、一九九〇年代はじめには、世界的なマクロ経済の落ち込みもあって、三年連続のマイナスに落ち込み、一九九二年には、二三五億ドルの赤字という米国企業史上でも稀にみる大赤字を記録した。

その後、一九九〇年代後半には幾分の回復がみられたが、二〇〇一年以降は再び厳しい状況に陥り、二〇〇五年には再び一〇五億六、七〇〇万ドルという大幅赤字を記録した。さらに二〇〇六年、二〇〇七年、二〇〇八年と四年連続の赤字を計上し、とくに二〇〇七年には三八七億三、二〇〇万ドル、二〇〇八年には三〇八億六、〇〇〇万ドルという、過去最大の赤字に陥ることになった（**表4-1**参照）。

さらにドラスティックなのは、GMが市場に占めるシェアの変動である。戦後一九六〇年代までは、GMは米自動車市場でシェア五〇%を超える、突出した存在であった。しかし、その後、G

表4-1　GMの経営実績推移：1980-2010年

（単位：100万ドル）

年	売上高	純利益	売上高純利益率
1980	57, 729	-775	-1.3%
1981	62, 699	321	0.5%
1982	60, 026	950	1.6%
1983	74, 582	3, 730	5.0%
1984	83, 890	4, 517	5.4%
1985	96, 372	3, 999	4.1%
1986	102, 814	2, 945	2.9%
1987	101, 782	3, 551	3.5%
1988	123, 642	4, 856	3.9%
1989	126, 932	4, 224	3.3%
1990	124, 705	-1, 986	-1.6%
1991	123, 109	-4, 453	-3.6%
1992	132, 243	-23, 498	-17.8%
1993	138, 220	2, 467	1.8%
1994	154, 952	4, 900	3.2%
1995	168, 829	6, 881	4.1%
1996	164, 069	4, 963	3.0%
1997	178, 174	6, 689	3.8%
1998	161, 315	2, 956	1.8%
1999	176, 558	6, 002	3.4%
2000	184, 632	4, 452	2.4%
2001	177, 260	601	0.3%
2002	186, 763	1, 736	0.9%
2003	185, 524	3, 822	2.1%
2004	193, 517	2, 805	1.4%
2005	192, 604	-10, 567	-5.5%
2006	207, 349	-1, 978	-1.0%
2007	182, 347	-38, 732	-21.2%
2008	148, 979	-30, 860	-20.7%
2009	104, 589	104, 821※	—
2010	135, 592	6, 172	4.7%

〔出所〕GM Annual Reportの各年版による。
※2009年の純利益は政府の財政支援による、通常の営業活動に依存しない利益計上によるものである。

Mのシェアは徐々に低下軌道をたどり始めた。それでも、一九七〇年代には四〇%台を確保していた。

しかし、一九八〇年代になると、その低下傾向に拍車がかかりはじめ、八〇年代後半には三五%台を割り込み、さらに九〇年代後半には二〇%台にまで落ち込んだ。二〇〇〇年代に入ってしばらくは二七%前後で推移してきていたが、二〇〇四年以降、ふたたび急速な落込みがみられ、二〇〇五年には二五%をさえ割り込んだ。

こうして、米国企業の象徴ともされてきたGMが本業、自動車事業が市場で占めるシェアは、この半世紀の間に半減したことになる。

GM窮状の背景

このようなGM窮状の背景は、すでに多くの人々が指摘してきたように、一言でいえば、戦後半世紀の間に米国および世界の自動車市場の環境が大きく変容し、そこでのビジネス・モデルも変革を迫られてきていた中で、GMはそれへの適切な対応をなさないまま過ごしたということである。

この半世紀の間の、自動車市場の環境変化の大きな流れは二つである。

いずれもとくに一九八〇年代以降急潮化したものであるが、第一は、市場の国際化、グローーバル化である。それまでの国内市場単位の競争の壁が崩れ、競争が一気に国際化の波に洗われることになってきた。その最大の主役は、トヨタ、ホンダ、日産をはじめとする日本の自動車企業であり、これらの日本メーカーの進出によって競争の枠組みの変容を迫られた最大の市場が米国市場であった。

第二は、環境問題と資源・エネルギー問題が重要化し、実際に燃料費が上昇する中で、省エネルギー志向の車へのニーズが高まり、またそれが小型車志向を急速に浸透させ、ユーザーの価値観を大きく変えたということである。このような自動車ユーザーの価値観の変化は、それまで長年にわたり自動車王国米国の市場で支配してきた大型車、デラックス車志向の自動車デザインの通念に大きく転換を迫るものであった。そして、この点でも、環境変化からくる課題にいち早く対応し、新しいタイプの自動車コンセプトを世界に提示したのは、日本のメーカーであった。すでに一九七〇年代に米国の排ガス規制を象徴するマスキー法をいち早くクリアーしたホンダのCVCCエンジンの開発や、一九九〇年代トヨタのハイブリッド・カーの開発は、それを代表するものであった。

こうして、一九八〇年代以降、世界の自動車市場はかつてない大きな市場パラダイムの変化に直面し、とりわけ米国市場はその主戦場となった。

このような状況にあって、米国自動車メーカー、いわゆる「ビッグ3」（GM、フォード、クライスラー)はこれまでこぞって有効な戦略を打ち出すことができなかった。省エネ車の開発は大幅に遅れてきたし、ダウンサイジングもなかなか進展しなかった。ダウンサイジングの実現には、小型車でも利益を出せる生産システムの獲得が不可欠であるが、長年大型車生産で利益を上げる体質を蓄積してきた米国メーカーには、一朝一夕には実現できない、大きな体質改革を求められる課題であった。

もとよりビッグ3も全く何も手を打ってこなかったわけではない。GMは一九九〇年、小型車戦略の切り札として、新車種「サターン」の導入を行った。

またこれに先立ち、小型車生産を得意とする国外のメーカー、とくに日本のメーカーとの提携で、このような状況を乗り切ろうとしていた。一九七〇年代、石油ショックで小型車需要が高まると、日本のいすず自動車やドイツのオペルとの協力関係で小型車開発を進めた。一九八四年にはトヨタ自動車との合弁会社NUMMIを設立し、小型車生産を強化しようとした。また富士重工業やスズキといった小型車、軽乗用車に強い日本のメーカーとの資本提携もすすめ、小型車生産のノウハウを吸収しようとした。

しかし、小型車戦略を切り札とする日本メーカーとの競争では、本来小型車戦略を得意としないビッグ3、とくにGMにとっては、日本企業との提携戦略や、「サターン」戦略もさして大きな効果を上げたとはいえなかった。

その結果、米国市場でのビッグ３のシェアは急速に下降してきた。一九九〇年代末にはまだ六五％を保っていたビッグ３のシェアが、二〇〇〇年代に入ってから六〇％台を割り込み、二〇〇六年には五四％にまで下降した。

これに対して、トヨタ、ホンダはじめ日本メーカーのシェア、二〇〇六年には三五％にまで上昇した。

このような状況の中で、二〇〇五年一〇月に、資本提携していた富士重工業の株式をトヨタに売却し、また二〇〇六年三月には、スズキの株式の大半を売却した。

ドラッカーの警鐘

・『企業とは何か』での二回の警鐘

ＧＭがこのような状況に直面する危険性について、ドラッカーはまず『企業とは何か』の中で、二回にわたって警鐘を鳴らしていた。第一回は、一九四六年刊行された『企業とは何か』そのものにおいてである。第二回は同書の一九八三年版の最終章「成功を原因とする失敗」においてである。

ドラッカーはまず、一九四六年刊行の『企業とは何か』の全体を通して、戦時生産後のＧＭのあり方を提示した。ドラッカーが同書であきらかにしたのは、ＧＭの組織実態を事例としながら進化しつつある産業社会、自由企業体制における一般的な企業のあり方についてであったが、それは同時に新しい時代におけるGMそのもののあり方についての提案でもあった。

しかし、米国企業の顔とされ、本業、自動車市場では五〇％のシェアを確保していた一九五〇～七〇年代にGMは、それに耳を傾ける度量をもたなかった。そのことは、すでにみた通りである。ドラッカーは、さらに同書、一九八三年版に書き加えられた最終章で、今度は、四六年刊行の自分の著書が史上はじめてのGMの分析であったのに、なぜGMはこれを無視したのかを分析しながら、直接にGMの行き方に警鐘を鳴らした。その内容については、すでに紹介した通り、現代産業社会における企業のあり方を問う三大視点に関わるものであった。

・論文「企業永続の理論」(一九九四年)での警鐘

その後、ドラッカーはさらに、『ハーバード・ビジネス・レヴュー』誌一九九四年九・一〇月号掲載の論文「企業永続の理論」の中で、一九七〇年代以降のGMの経営行動に再度厳しい目を向けている。

「企業永続の理論」は、これまで成功を収めてきた企業が今日困難に陥っているのは、多くの場合、これまでその企業が前提としてきた「事業の定義」が新しい現実にそぐわなくなったためであり、環境の変化に対応して「事業の定義」を見直していかなければならないことを説いた、広く知られた論文である。

この論文の中でドラッカーは、一九七〇年代以降、この「事業の定義」の必要に迫られた代表的な米国としてＩＢＭとＧＭのケースを取り上げている。

この論文がＧＭに改めて投げかけた警鐘については、改めて次の章で取り上げる。

ドラッカーとスローン

ドラッカーの期待に反して、スローンもＧＭ経営陣も、『企業とは何か』を評価せず、無視した。スローン自身、自分のいる席で、ドラッカーの著作を話題にすることさえ許さなかったという。しかし、著作への評価、扱いとは別に、ドラッカーとスローンの個人的な関係は、その後むしろ緊密になった。

『企業とは何か』に対するスローンとＧＭサイドの態度は変わらなかったが、「実のところ、これをきっかけに個人的にスローンと長い付き合いを始めることになる。彼は一九五〇年代半ばに会長職を辞めるころから、年に数回は私をニューヨークの自宅に招き、ランチを食べながら話をするようになった」とドラッカーは回想している。そしてその際、もっとも好んでとり上げる話題が、彼自身が執筆し、刊行することになる『ＧＭとともに』のことであったという (Drucker, 2005: 邦訳、一一三～四ページ)。

推測の域を出るものではないが、スローンのドラッカーに対する気持ちは二面的であったのであろう。一面では、天下のGMを創り上げてきた実践経営者として、GMを題材として評論的に大企業体制論、マネジメント論を展開した『企業とは何か』はどうしても認められなかった。しかし、このまま推移すれば、ドラッカーのこの著作がGMマネジメント論の決定版になり、実践経営者スローンの存在はその中に埋没してしまう。それは許せない。それならば、何としても実践経営者スローン自身のGMマネジメント論を書き残さなければならない。これが、晩年スローンに、『GMとともに』を書かせたエネルギーであったのではないか。

しかしスローンは、経営学者、経営評論家としてのドラッカーのセンスと力量を高く評価し、尊敬していた。したがって、『企業とは何か』は無視し続けつつも、自著『GMとともに』を完成させるために、ドラッカーの意見にはいつも謙虚に耳を傾けようとしていたのではないか。

他方、ドラッカーは、一方では『企業とは何か』がスローンとGM経営陣から無視されたことを悔やみつつも、スローン自身に対しては、終始、人柄にたいする親しみと、稀代の経営者としての力量と実績に尊敬の念を絶やさなかったように思われる。

ドラッカーは、スローン没後(一九六六年没)、『企業とは何か』の一九八三年版エピローグ、『GMとともに』に寄せた序文、さらに回想記の中で(Drucker, 1979, Drucker, 2005など)、たびたび『企業とは何か』をめぐるスローンとの関係に触れている。それらに一貫しているのは、上記のようなスローンへの真摯な尊敬の気持ちである。

『GMとともに』一九九九年版の序文の中で、ドラッカーが次のように述べているのが印象的である。

「ぜひ述べておきたいのは、スローンが温かい人柄の持ち主で、金銭だけでなく時間をも惜しみなく周囲に分け与えたということである。」(Drucker, 1990: 邦訳、ⅲページ)

『企業とは何か』は、一九五四年『現代の経営』、一九六四年『創造する経営者』、一九六六年『経営者の条件』、そして一九七四年『マネジメント』へと続く一連の著作を通して、ドラッカーを「マネジメントの発明者」「マネジメント学の祖」と言わしめるようになった原点の書であった。スローンとGMがこの著作を無視し続けたとしても、ドラッカーは、この著作を書くきっかけを与えてくれたスローンに対する恩義を終生忘れることがなかったのではないか。

5. GMはなぜ企業改革を断行できなかったのか

一九九〇年代はじめの危機で企業改革をできなかったGM――GE、IBMとの対比

ドラッカーのスローンとGMへの思いは、ドラッカーのGMへの警鐘の中にも表れているように思える。それは、GMに対する温かいアドバイスとも読める。

しかしGMは、ドラッカーの著作を無視し、そこでドラッカーが示した警鐘(提言)を無視した。同時にGMは、ドラッカーの提言に見合う根本的な経営改革、組織改革を行うことなく今日に至っ

た。

GMにとって、これまでに最大の改革のチャンスは、ドラッカーが上記「企業永続の理論」を著わす直前に、米国企業史上でも稀にみる赤字を記録した一九九〇年代初頭の時点であった。

この時点の経営の落ち込みはマクロ経済レベルでの不振も背景にしており、程度の差はあったが、GMだけのことではなかった。同じく米国を代表する企業ということでは、ドラッカーもGMと並んで取り上げているIBMも類似の不振に落ち込んでいた。また、GMやIBMのような大きな経営の落込みはみられなかったが、GEもマクロ経済の不振を背景に経営落込みの危機感を共有していた。

このような状況の中で、経営改革、組織改革の点で、各社はそれぞれ独自の行き方を選択した。当時ジャック・ウェルチが会長として主導していたGEは、すでに一九八〇年代後半から、経営改革の軸足を八〇年代前半での事業構造改革から組織改革に移していた。これによって、ウェルチは、前段の事業構造改革とあわせて、景気変動に収益性を左右されない強靭な企業体質を築こうとした。そして、それを実際に実現した(この点について具体的には、坂本和一、二〇〇七年、第Ⅱ章、を参照)。

一方、IBMの方は、一九九〇年代に入ってGMと類似の急激な経営の落込みに直面した。このときIBMは、株主サイドの主導で、会長・CEOの交代を図り、一九九三年、しかもこれを社外からのスカウトによって断行した。スカウトされたのは、当時ＲＪＲナビスコの現役会長・ＣＥＯであったルイス・Ｖ・ガースナーであった。ガースナーは就任と同時に大胆な改革に取り組み、一九五〇年代以来のコンピュータ・ハードウエア企業としてのＩＢＭの体質を転換し、新たなソリューション・サービス企業として再構築した。これによって、経営を急速に回復させ、ＩＢＭをふたたび米国を代表する企業として浮上させることに成功した。このガースナーの改革は、まさにドラッカーが一九九四年の「企業永続の理論」で提起した「事業の再定義」による難局突破を文字通り実践したといってもいいものであった(この点については、Gerstner, L.V., 2002、坂本和一、二〇〇七年、第Ⅲ章、を参照)。

これに対して、この時期、もっとも深刻な経営不振に落ち込んだＧＭの方は、一九九〇年小型車戦略として新車種「サターン」を発表し、この危機を乗り切ろうとした。しかし、押し寄せる日本メーカーの小型車戦略の前に、本来得意としない小型車部門での競争はそれほど大きな効果を上げるものではなかった。

一九九二年の経営危機に直面し、ＧＭもかつてない大幅な経営陣の建て直しを図った。会長兼ＣＥＯロバート・Ｇ・ステンペル、社長ロイド・Ｅ・ロイスを更迭し、ＧＭヨーロッパを率いていたジョン・Ｆ・スミスが社長兼ＣＥＯに就いた。ＧＭはこの新ＣＥＯの下で、マーケティング体制の見直し、ブランドマネジャー制の採用など積極的な改革に乗り出した。

しかしこの取組みも、ＧＥやＩＢＭのような決定的な経営改革を実現することにはならなかった。ＧＭは採算上の落込みを、結局従業員のリストラや工場閉鎖といった取繕い策で切り抜けた。その結果、二〇〇〇年代を迎えると、ふたたびＧＭは深刻な経営不振に直面することになったのである。

なぜＧＭは企業改革を断行できなかったのか――スローンの呪縛

しかし、ＧＭは再三深刻な経営危機に直面しながら、なぜ決定的な改革を断行できなかったのか。

もとより、取繕い策といわれようと、難局に直面しても、従業員のリストラや工場閉鎖によって、結果的には経営を維持できたということであり、これが八〇年間にわたる米国ナンバー・ワン企業の蓄積であり実力であるということなのかもしれない。

しかし、この間にＧＭの現代企業としての実力は、その社会的尊敬度も含めて、確実に劣化してきた。これが誰もがみとめるＧＭの実状であろう。

しかし、自動車市場のグローバル化、環境・資源エネルギー問題と人々の自動車に対する価値観の急速な変容の中で、誰の目にもこれまでのＧＭの経営スタンスは、時代遅れになっていた。これまで米国の栄光のナンバー・ワン企業ＧＭが、自動車生産台数で日本のトヨタに抜かれるところにきたということは、まさにそのような事態を象徴するものであった。

事ここに至っても、ＧＭが、かつて一〇数年まえにＩＢＭが見せたような決定的な経営改革を打ち出せなかったのはなぜなのだろうか。

私なりに結論的にいえば、ＧＭはいまだに八〇年前、一九二〇年代にかのスローンが築いた経営システムと、一九六三年に著書『ＧＭとともに』に結晶させたスローンのマネジメント哲学の呪縛から解き放たれていなかったのではないか。

スローンは完璧な経営システムとマネジメント哲学を求めた。その成果を著書『ＧＭとともに』に残した。ただ、スローン自身は、「読者の皆さんに、私が『組織はすでに完成している』と考えているとの印象を与えてしまっていなければいいのだが」というコメントを残して、同書を締めくくった。

しかし、スローンが残した経営システムとマネジメント哲学は、スローンを受け継いだＧＭ経営陣に重くのしかかったのではないか。かれらは歴代、完璧を目指したスローンが残した経営システムとマネジメント哲学の、「完璧」の呪縛から容易に逃れられなかったのではないかと推測する。

スローンの構築した経営システムとマネジメント哲学を超えることは容易なことではなかった。しかし、二一世紀に入ってＧＭが直面している事態は、果敢にスローン・モデルを超克する必要をGM経営陣に迫っている。

二〇〇九年の経営破綻と再建――今度こそ本格的改革ができるか

二〇〇五年から三年連続の赤字、しかもかつて例のない大赤字の続く最中の二〇〇八年秋、米国投資銀行リーマン・ブラザーズの経営破綻を引き金に世界経済全体が金融危機、リーマンショックに襲われた。この中で、GMは新車販売台数がさらに大きく落ち込み、新たな経営危機に見舞われた。同年一一月一一日には株価が二・七五ドルと一九四三年以来六五年ぶりの安値を付ける状況にまで陥った。年が開けて二〇〇九年、オバマ政権発足後もGMの経営危機は続き、二〇〇九年二月二〇日についに経営破綻に追い込まれるに至った。同年六月、GMは連邦倒産法第一一条(日本の民事再生手続きに相当する制度)の適用を申請し、米国政府が株式六〇%をもつ会社の下で、実質的に米国政府により国有化された形での再建が図られた。そして、同年七月に優良資産等を米国政府が株式六〇%を所有する新会社に売却する形で、新生GMがスタートすることになった。

GMの経営は二〇一〇年以降、数字の上では急速に回復してきているように見える。しかしそれは未だ二〇〇九年政府が国有化をして再建を主導した際の特例措置で、税負担が事実上ゼロの条件下での回復である。

しかし他方、時代は今まさにエネルギー転換の時代である。自動車用のエネルギーが石油から電気に大きく移行する可能性が動き始めており、世界の自動車企業はこぞってこのエネルギー転換に将来の生き残りを賭けてきている。ＧＭも電気自動車の強力な推進者の一つにノミネートされている。

このような新しい環境の下で、ＧＭは今度こそ本格的な企業改革を実現できるか。このような経営環境激変の時代こそは見方を変えればその絶好のチャンスである。今まさにその実力が問われているといえる。その際、ＧＭの経営陣は、今改めて一九四六年の『企業とは何か』に始まる一連の「ドラッカーの警鐘」を真摯に吸収することが必要であろう。

※　本章は、ドラッカー学会年報『文明とマネジメント』第二号、二〇〇八年、所収の「ＧＭとドラッカー――スローンはなぜドラッカー『企業とは何か』（一九四六年）を無視したのか。その結果は。」および拙著「ドラッカー再発見」二〇〇八年、法律文化社、第2章「ＧＭとドラッカー」を大幅にリライトしたものである。リライトの要点は、一九二〇年代ＧＭにおける「製品ポリシーの刷新（フルライン制の導入）」についてのドラッカーの評価に関わっている。

5. 経営危機は「事業の定義」を疑え

――企業はいかにして永続性を保つか

トーマス・J・ワトソン・ジュニアとアルフレッド・P・スローン・ジュニアの肖像(ワトソン自伝『IBMの息子』とスローン自伝『GMとともに』の原著掲載の写真より)

「事業の定義の中には、強力であるために長く持続するものもある。しかし、人間がつくるものに永遠はない。とくに今日では長く続くものはめったにない。結局は、あらゆる事業の定義が陳腐化し、実効性のないものになる。一九二〇年代に創設されたアメリカの偉大な企業がその基礎とした事業の定義に、今生じていることこそ、まさにそれである。」

「IBMやGMが実際に直面している現実が、今も前提としているものから著しく変化してしまったのである。言い換えれば、現実が変化したのに、事業の定義はそれとともに変わることがなかった」

「GMは、これらのことをすべて分かっていた。信じようとしなかっただけである。むしろGMは、一時的に取り繕おうとした。」「しかし、この取繕いは、顧客もディーラーも、そしてGM自身の従業員も、マネジメントさえも混乱させた。そして、その間にGMは真の成長市場を無視してしまった」(Drucker, P. F., 1994, The Theory of The Business, *Harvard Business Review*, Sept-Oct. 1994: 邦訳「企業永続の理論」『ダイヤモンド・ハーバード・ビジネス』一九九五年一月号、六、八、九ページ)

はじめに

これまで成功を収めてきた企業や組織が急に勢いを失い、困難に直面する事態を私たちは度々目にしてきている。これは多くの場合、その企業や組織がそれまで前提としてきた「事業の定義」が環境の変化、新しい事態にそぐわなくなってきているからである。この困難を克服するのに求められるのは、これまでの事業の定義を見直し、「事業の再定義」に挑戦することである。

『ハーバード・ビジネス・レヴュー』一九九四年九・一〇月号に掲載されたドラッカーの「企業永続の理論」は、この点を説いた名論文として知られる。

ドラッカーは、ついこの間までスーパースターだった企業が突然低迷して困難に落ちるケースについて、「このような危機一つひとつの根幹の原因は、ものごとを下手になしているからではない。間違ったことをしたからでさえない。たいていの場合、実際に、正しいことをなしている。ただしそれを、実を結ばない形でなしているのである。このあきらかに逆説的な事態は何が原因となっているのか」(Drucker, 1994): 邦訳『ダイヤモンド・ハーバード・ビジネス』一九九五年一月号、四ページ)と問う。そして、つぎのようにいう。

「組織の設立に際して基礎とされた前提、そしてそれに基づいて組織が運営されてきた前提が、もはや現実にそぐわなくなったのである。」(同上論文、四ページ)

「企業永続の理論」は経営危機に直面している企業に対して、こうしてその企業存立の根幹に関わる「事業の定義」の耐久性に警鐘を鳴らし、生き残りのためのあれこれの取繕い策を超えて、「事業の再定義」を訴えている。その意味で本論文は、永続性を求める企業一般への警鐘の書として重要な意義をもっている。

しかし同時に、私たちの関心を引くのは、ドラッカーがこの論文を発表した「時点」である。この論文は一九九四年に発表されたが、ここから推察すれば、多分これが執筆されたのは一九九二～九三年のことであろう。一九九二～九三年に書かれたということは、この論文が一般的に「事業の再定義」の意味を問うたということ以上に、より具体的に、当時の米国企業の現実にコミットした意味をもっているように思われる。

この点で、この論文が、テーマを展開する際のケースとして、とくに米国を代表する二つの世界企業、ＩＢＭとＧＭを取り上げていることに注目する。

一九九〇年代初頭、日本では八〇年代の金融バブルが崩壊し、経済状況は一転して不況に落ち込み、以後二一世紀に入るまで「失われた一〇年」といわれるような状況を迎えたことは周知の通りである。この時期に、米国でも厳しい経済の落込みに見舞われ、中軸企業も軒並み業績低下に陥った。

ドラッカーが事業の「企業永続の理論」で「事業の再定義」を説くケースとして取り上げたＩＢ

MとGMも例外ではなかった。一九九〇年から九三年にかけて、これら米国を代表する企業も大幅な営業赤字に陥っていた（IBMについては後掲の表5－1、GMについては前掲の表4－1を参照）。

まさにこの時期に刊行された論文が、「企業永続の理論」であった。論文が刊行された時期の、このような具体的な社会状況を念頭におくと、この論文を刊行したドラッカーの気持ちが、よりリアルに伝わってくる。それは、単に「事業の再定義」の意義を説く一論文を刊行したということを越えて、これら米国を代表し、現実の米国経済に多大の影響をもつ二大企業の経営戦略の将来について、重大な警鐘を鳴らすことであったのではないかということである。

この章は、「企業永続の理論」が警鐘を鳴らす経営危機に直面した企業にとっての「事業の再定義」の一般的な重要性と同時に、この論文に込められた、具体的に一九九〇年代初頭にこぞって経営危機に直面した、IBMとGMという二大米国企業への警鐘を掘り起こしてみようとするものである。またその警鐘の後、両企業がどのような経過を辿るのかをみてみる。

1. 経営危機に直面した企業は何をなすべきか

事業の定義は永遠のものではない

ドラッカーが「企業永続の理論」で前提としているのは、企業にとっての事業の定義の重要さと同時に、それが永遠のものではないということである。

ここで、ドラッカーは、事業の定義の前提と内容に立ち返る。

まず事業の定義の前提となるのは、つぎの三つの点である。

第一は、組織を取り巻く「環境」に関する前提である。これは、組織が何のために存在するかを定義するものである。

第二は、組織の「使命」に関する前提である。これは、組織が何をもって意義ある成果と考えるかを定義するものである。

第三は、組織の「中核的強み」に関する前提である。これは、組織がリーダーシップを維持していくために、どの点で他に比べて優れていなければならないかを定義するものである。

さらにドラッカーは、これらを前提として、有効な事業の定義には、四つの内容があるという。

第一に、環境、使命、中核的強みに関する前提は、現実に適合したものでなければならない。

第二に、これら三つの前提は、それぞれ他の前提と適合しなければならない。

第三に、事業の定義は、組織全体に知られ、理解されなければならない。

第四に、事業の定義は、恒常的に検証されなければならない。

これらの中でとくに第三の点については、次のようにいう。

「これは、組織が若い時代には容易である。しかし、組織が成功するにつれて次第に当たり前のこととなり、事業の定義への意識も薄れていく。そして組織はずさんになる。……(中略)正しいことよりも都合のよいことを追い求め始める。……(中略)事業の定義は『文化』になる。しかし、文化は規律に代わるものではない。だが事業の定義とは、規律なのである。」(Drucker, 1994: 邦訳、九ページ)。また第四については、「事業の定義は、石板に刻まれた碑文ではない。それは、仮説である。……(中略)したがって、自身を変革する能力を事業の定義に組み込むことが必要である」(同上論文、九ページ)と述べている。

その上で、ドラッカーは、改めて、「事業の定義は永遠のものではない」ことを強調する。

「事業の定義の中には、強力であるために長く持続するものもある。しかし、人間がつくるものに永遠はない。とくに今日では長く続くものはめったにない。結局は、あらゆる事業の定義が陳腐化し、実効性のないものになる。一九二〇年代に創設されたアメリカの偉大な企業がその基礎とした事業の定義に、今生じていることこそ、まさにそれである。」(同上論文、九ページ)

事業の定義が陳腐化してきたとき、組織の最初の反応は現実を直視しない「自己弁護」であるという。そして、その次に起こるのが「取繕い」であるという。

しかし、取繕いが役に立つことはない。

企業永続のために何をなすべきか――「事業の再定義」

それでは、企業は成功を続けるために、何をなすべきか。

ドラッカーは、事業の定義がもはや有効でなくなってきた、陳腐化したことを示す兆候に注意を促している。

その一つは、組織が本来の目的を達成したときである。目的を達成するということは、お祝いをするよりもむしろ新しい思考をするよう促しているのであるとドラッカーはいう。

急速な成長も、事業の定義に危機が生じてきていることを示す兆候であるという。そのような急速な成長は、表面的な成果とは別に、より深いところで、組織の前提と政策と習性に新たな問題を投げかけているとみなければならないからである。

ドラッカーはさらに、事業の定義がもはや有効でなくなってきていることを示す兆候が二つあるという。それらは、「予期せざる成功」と、「予期せざる失敗」である。これらは、往々にして見逃してしまいがちである。しかし、それらはどちらも、事業の定義の見直しにつながる重要な契機となるものである。

しかし、事業の定義が陳腐化した企業にとって、その見直し、事業の再定義の必要は一般論的には明確な課題であっても、実際にこれを実行することはそれほど容易なことではない。ドラッカーも、事業の定義の変革に成功したCEOは極めて数少ないという。

しかし、事業の定義を若返らせる仕事を、奇跡的な人物に頼ることはできない。ここでいえることは、結局、退歩性の病気は、先延ばししても治らない、断固たる行動しかないという原則である。

2. 二つのケース：IBMとGM

ドラッカーはこの課題を、具体的に米国を代表するIBMとGMという二つの企業を例にとって説明している。これらの二つの大企業は、戦後米国の産業史上でとりわけ輝かしい業績を上げてきた代表企業であったことは周知のことである。しかし一九九〇年代を迎えるころから、こぞって急激な業績悪化に直面することになった。

このこともあり、IBMとGMという二つの企業は、「近年困難に陥った合衆国企業の中で、『傲慢な官僚主義』として最も目につき、広く悪しざまにいわれた」(Drucker, 1994: 邦訳、五ページ)。しかし、これら二つの米国を代表する企業が近年困難に陥ったのは、決してこれらが官僚主義で停滞し、傲慢な企業に堕落していたからではなかったとドラッカーはいう。

一九五〇年代以来、大型コンピュータで覇をなしてきたＩＢＭは、一九七〇年代以降それまでの自らの事業の射程外にあった小型コンピュータ、パソコンが社会の大きな趨勢になるのをみて、これを新しい現実として受け入れ、一九八〇年代に入るとこの分野に参入して、たちどころに世界最大のパソコン・メーカーになり、産業規格のリーダーとなった。

またＧＭは、一九八〇年代はじめ、主要事業である

Business Week 誌、1991年6月17日号表紙

自動車事業では確かに停滞を余儀なくされていたが、他方で、困難に陥っていたヒューズ・エレクトロニクス社とエレクトロニック・データ・システムズ社という二つの企業を買収し、これらの成熟企業をみごとに立ち直らせることに成功した。

ＩＢＭとＧＭが成し遂げたことは、これらの企業が本当に「傲慢な官僚主義」に陥っておれば到底可能なことではなかったとドラッカーはいう。

では、なぜこれらの米国を代表する企業が、一九九〇年代に入って困難に直面することになったのであろうか。

ドラッカーはいう。それは、「ＩＢＭやＧＭが実際に直面している現実が、今も前提としているものから著しく変化してしまったのである。言い換えれば、現実が変化したのに、事業の定義はそれとともに変わることがなかった」（同上論文、六ページ）からであると。

それでは、これら二つの米国の代表企業は、一九九〇年代初頭にどのような現実に直面していたのであろうか。

3. 一九九〇年初頭に直面した現実

ＩＢＭ

ＩＢＭは、一九五〇年代前半、コンピュータ産業への進出ではユニバックの後塵《こうじん》を拝し、後発メーカーであった。しかし、一旦参入するとたちどころに業界を席巻し、圧倒的なトップ企業の位置を構築した。さらに三〇年を経て、今度は超小型のコンピュータ、パソコンの出現によって新たな挑戦を受けた。しかしこれも、異例の機敏さで対応を果たし、業界のトップに立った。

しかし問題は、大型コンピュータ事業にしても、パソコン事業にしても、IBMが立脚していたのは、ハードウエア志向の事業であるということである。しかもIBMは、これらの事業で基本ソフトOS（オペレーティング・システム）の独占網を張り巡らし、「クローズド・システム」の世界を構築して、コンピュータ事業の覇権を握ってきていた。

一九八〇年代に入ると、IC技術の急激な発展とともに、コンピュータ産業の構造は急激な変化をみせはじめ、とくに八〇年代後半から九〇年代に入ると、それが五〇年代初めのコンピュータ産業成立以来の、歴史を画する産業構造大変動の様相を示し始めてくる。

この変動の基本は、いわゆる「ダウンサイジング」と「オープン・システム化」である。これらの動きが、これまでの汎用コンピュータ中心のコンピュータ産業の世界を大きく転換させることになった。

ダウンサイジングとオープン・システム化という二つの結びついた動きは、一言でいえば、コンピュータ産業における、いわば「文化革命」であった。それがまさに「文化革命」であったがゆえに、IBMは、今から振り返れば、その対応に「手こずった」。それがこの一九九〇年代初頭にI

ＢＭが直面した事態であった。

ダウンサイジングとオープン・システム化の二つの動きは、突き詰めれば結局コンピュータ産業の文化を、「クローズド・システム」の世界から「オープン・システム」の世界に大転換することを迫るものであった。これに対して、ＩＢＭ社の文化は、まさに「クローズド・システム」の世界を代表するものであった。

一九八〇年代に至るまでのコンピュータ産業の文化は、よくいわれるように、六〇年代半ばに第三世代のコンピュータを代表するＩＢＭのシステム３６０がもっとも典型的に創り出したものであった。そこでは、当該の汎用コンピュータ専用につくられたＯＳがあって、同系列のコンピュータは、このＯＳでのみ稼動するように設計されていた。したがって、大型から小型まで、幅広いバリエーションを包摂する当該の汎用コンピュータを使用すれば、どのような仕事でもこなせるように仕組まれていたが、他方では、専用のＯＳでのみ動くことになっていたから、一旦当該のシステム、たとえばＩＢＭのシステム３６０を導入すれば、ユーザーはＩＢＭのＯＳを使い続けなければならないことになった。したがって、ユーザーは、自分が使用するシステムの、広大ではあるが閉じられたＯＳの世界に囲い込まれてしまうことになっていたし、他方では、メーカーはこのような形でユーザーを自らの世界に囲い込むことをマーケティングの基本において競争することになっていた。そのような世界をもっとも典型的、象徴的に確立したのがＩＢＭのシステム360であった。

ダウンサイジングとオープン・システム化は、このような「クローズド・システム」の世界を、大きく「オープン・システム」の世界に転換するものであった。

このような新しいコンピュータ産業文化の到来は、伝統的文化を自らつくりだし、これまでそれを最大の武器として業界を主導してきたIBMにとっては、ひときわ重たいものとして自らに跳ね返ることになった。

世界史の世界では、ローマ帝国の崩壊の原因はローマ帝国の強さの中に存在したといわれるように、これまでの覇権の最大な強みが環境の変化の中で一瞬にして弱点に転化するケースが指摘されることがある。一九八〇年代、ダウンサイジングとオープン・システム化という環境変化に直面したIBMの立場は、まさにそのようなものであったといえるかもしれない。

いずれにしても、IBMが一九八〇年代後半に直面したのは、このような新しいコンピュータ産業文化との戦いであり、IBMが次の世代に生き残ろうとすれば、自らの文化を改革するところまで到達せざるをえないものであった。

ダウンサイジングとオープン・システム化という怒涛のような技術環境変化の中で、一九八〇年代後半以降、IBMはこれに対応するさまざまな挑戦を試みてきた。それは、三〇年間にわたりコンピュータ産業の盟主として一貫して業界を主導してきたIBMには、これまで経験したことのない挑戦の連続であった（以上、コンピュータ産業とＩＢＭをめぐる歴史的な経過については、坂本和一、一九九二年、を参照）。

しかしそれらの挑戦にもかかわらず、**表5-1**が示すように、一九八五年以降、ＩＢＭの経営業績は急激に変調をきたし、九〇年代に入ると一転して純利益がマイナスに落ち込むことになった。

表5-1　IBMの経営実績推移：1980-2010年

（単位：100万ドル）

年	売上高	純利益	売上高純利益率
1980	26, 213	3, 397	13. 0%
1981	29, 070	3, 610	12. 4%
1982	34, 364	4, 409	12. 8%
1983	40, 180	5, 485	23. 7%
1984	45, 937	6, 582	14. 3%
1985	50, 056	6, 555	13. 1%
1986	51, 250	4, 789	9. 3%
1987	54, 217	5, 588	10. 3%
1988	59, 681	5, 806	9. 7%
1989	62, 710	3, 758	6. 0%
1990	69, 018	6, 020	8. 7%
1991	64, 792	-2, 827	-4. 4%
1992	64, 523	-4, 965	-7. 7%
1993	62, 716	-8, 101	-12. 9%
1994	64, 052	3, 021	4. 7%
1995	71, 940	4, 178	5. 8%
1996	75, 947	5, 429	7. 1%
1997	78, 508	6, 093	7. 8%
1998	81, 667	6, 328	7. 7%
1999	87, 548	7, 712	8. 8%
2000	88, 396	8, 093	9. 2%
2001	85, 866	7, 723	9. 0%
2002	81, 186	3, 579	4. 4%
2003	89, 131	6, 558	7. 4%
2004	96, 293	7, 479	7. 8%
2005	91, 134	7, 934	8. 7%
2006	91, 424	9, 416	10. 3%
2007	98, 786	10, 418	10. 5%
2008	103, 630	12, 334	11. 9%
2009	95, 758	13, 425	14. 0%
2010	99, 870	14, 833	14. 9%

（出所）IBM Annual Reportの各年版による。

ＩＢＭは、戦後コンピュータ企業に変身して以来、一九八〇年代半ばまでの三〇数年間、特に五〇年代半ば以降、総売上高、純利益共に、毎年二桁ないしそれに近い成長を持続し、一〇％を超える売上高純利益率を実現してきた。「米国産業史上における最もエキサイティングな物語の一つ」といわれるような華々しい成長、発展を実現してきた八〇年代までのＩＢＭを知るものには、それは信じがたい状況であった。

一九八五年、八六年、それまでほぼ一〇％前後の成長を示してきた純利益は、一転して停滞に転じ、それまで二五年間にわたり一〇％を超える水準を実現してきた売上高純利益率は一桁に落ち込んだ。そして一九九一年、純利益そのものが二八億ドルのマイナスに落ち込み、さらに九二年には五〇億ドル、九三年には実に八一億ドルの赤字を記録することになった。一九九〇年代初頭のこの三年間の連続、しかも年ごとに倍増する赤字幅の拡大は、かつてのエクセレント・カンパニーＩＢＭに何が起こっているのか、産業界のみならず、世界中の社会的注目が集まった。

一九九二～九三年、ドラッカーが見ていたＩＢＭをめぐる現実は、このようなものであった。ところで、ドラッカーはＩＢＭの事実上の創業者トーマス・ワトソン父子と個人的にも付き合いが深かった。名著『企業とは何か』が一九四六年刊行されたとき、これに注目したトーマス・ワトソン・ジュニアに請われて、一九五〇年代に一時期、ＩＢＭのコンサルタントも引き受ける関係にあった。

またドラッカー自身、ＩＢＭの企業としての行き方から学ぶことが多かったといわれる。後にドラッカーが「企業のもっとも重要な資源は知識労働者」とか「労働力はコストではなく資源」という考えをもつようになったのは、長年ＩＢＭを観察してきたことと関係があるのではないかといわれている(Drucker, 2005: 邦訳、一六章の「訳者解説」を参照)。

そのトーマス・ワトソン・ジュニアは、一九九三年に七九歳の生涯を閉じた。それは、ＩＢＭの業績が史上最悪を記録した年であった。このとき去来したドラッカーのトーマス・ワトソン・ジュニアとＩＢＭへの思いが、「企業永続の理論」に深く刻まれているように思えてならない。

このような存亡の危機に直面して、ＩＢＭの動きは速かった。一九九三年四月、ＩＢＭは、ドラッカーの思いを察したかのような、抜本的な経営改革に乗り出す。

GM

ＧＭは、ＩＢＭの場合よりもさらに強力な、七〇年間成功し続けてきた事業の定義と事業モデルを擁していた。

「一九二〇年代のはじめからＧＭは、米国の自動車市場とは価値観において同質のものであり、極度に安定した所得階層によって区別されるものであるという前提にたっていた。」(Drucker, 1994: 邦訳、七ページ)

しかし、一九七〇年代終わりになると、市場と生産に関するこの前提が機能しなくなってきた。この半世紀の間に、自動車市場の環境が大きく変化してきていたのである。

その状況と背景については、すでに前章であきらかにしたので、ここでは詳しくは繰り返さないが、その変化の大きな流れは二つであった。

第一は、市場の国際化、グローバル化である。これによって、それまでビッグ3といわれるGM、フォード、クライスラーの三社によって独占されてきた米国市場が一気に国際化の波に洗われるようになってきた。

第二は、環境問題と資源・エネルギー問題が重要な社会的関心事として浮上する中で、省エネルギー志向の車へのニーズが高まり、それが小型車志向を急速に浸透させ、ユーザーの価値観を大きく変えたということである。このような自動車ユーザーの価値観の変化は、それまで長年にわたり大型車、デラックス車志向の自動車デザインが支配してきた自動車王国米国の市場を大きく揺り動かすこととなった。

こうして、一九八〇年代以降、世界の自動車市場はかつてない大きな市場パラダイムの変化に直面した。とりわけ米国市場はその先進市場であるがゆえに、コンピュータ市場と同様に、そのような変化をもっとも大きく受けることになった。

しかし、このような状況にあって、米国自動車メーカー、ビッグ3はこぞって有効な戦略を打ち出すことができなかった。省エネ車の開発は大幅に遅れてきたし、サイズダウンもなかなか進展しなかった。サイズダウンの実現には、小型車でも利益を出せる生産システムの獲得が不可欠であるが、長年大型車生産で利益を上げる体質を蓄積してきた米国メーカーには、一朝一夕では実現できない、大きな体質改革を求められる課題だったからである。

このような環境変化の中で、GMの経営状態は劣化の一途を辿ってきた。GMの経営業績は、一九七〇年代に入ると、売上高純利益率が六％台以下に割り込み、八〇年にはマイナスへの落込みを経験した。さらに、九〇年代初頭には、前掲の**表4-1**（一四五頁）で見るように、世界的なマクロ経済の落ち込みもあって、三年連続のマイナスに落ち込み、九二年には、二三五億ドルの赤字という米国企業史上でも稀にみる大赤字を記録した。

ドラッカーが「企業永続の理論」執筆中の一九九二〜九三年当時、GMが直面していたのは、このような事態であった。

ところで、前章で触れたように、ドラッカーはGMとは深くまた複雑な関係があった。ドラッカーの名著『企業とは何か』は、ドラッカーが一九四〇年代半ば、GMそのものからの依頼でGMの内部を調査し、それにもとづいて書かれた、

しかし、本書は、GMの総師アルフレッド・P・スローンの受け入れるところとはならなかった。ドラッカーのGM調査を積極的に支援したのはスローン自身であったが、スローンはドラッ

カーの著書をみて、これを評価せず、無視した。『企業とは何か』はGMの将来に対する提言の書であり、ある意味で忌憚なき警鐘の書であった。これが、スローンがこの書の受け入れを拒んだ理由でもあった。

しかし、ドラッカーは、一方では『企業とは何か』がスローンとGM経営陣から無視されたことを悔やみつつも、スローン自身に対しては、終始、人柄にたいする親しみと、稀代の経営者としての力量と実績に尊敬の念を絶やさなかった。

一九九〇年代初頭、かつてない苦境にたつGMをみて、ドラッカーの気持ちは複雑なものがあったのではないか。そして、「企業永続の理論」で改めてGMに対する警鐘を鳴らさざるをえなかったのではないかと思われる。

4. 改革を断行したIBM、断行できなかったGM

IBM

一九九三年一月二六日、IBMは、会長兼CEOジョン・エイカーズの退任と、それに伴う後任選考のための委員会が設けられたことを発表した。委員会はGEのジャック・ウェルチやマイクロソフトのビル・ゲイツもノミネートされたという候補者リストの中から、RJRナビスコの現役会長兼CEOであるルイス・ガースナーに的をしぼり、会長就任を要請した。

当時、ＩＢＭの将来に対する社会的な評価は、つい数年前まで、世界のコンピュータ産業のみならず世界企業界最強のエクセレント・カンパニーとしてのＩＢＭの評価に慣れ親しんできたものにとっては、実に聞くに堪えないものであった。

「ＩＢＭはいまや、一九八〇年代以降に登場した主要なコンピュータ技術のほとんどで、対抗馬にすらなれていない。……大型機が一夜にして消えることはないが、この技術はもう古い。そして同社が支配している分野は縮小の一途をたどっている。巨大な恐竜は沼地の奥深くに入り込んでいき、森林は哺乳類の天下になった。いずれ、沼地がなくなる可能性もある。」「現在の問題はＩＢＭが生き残れるかどうかだ。ここまでの分析から、その見通しがきわめて暗いとみられることは確かだ。」

一例を示せば、これが一九九〇年代を迎えた時点でのＩＢＭに対する一般的な社会的評価であったと、ガースナー自身、当時を回顧している(Gerstner, 2002: 邦訳、二六〜七ページ)。

このような社会的評価の中で、ガースナーはＩＢＭ再生の大仕事を引き受け、一九九三年四月、会長兼ＣＥＯに就任した。ガースナーは、九年間の在職を経て、二〇〇二年春ＣＥＯを退任し、同年末には会長も退いた(後任はサミュエル・パルミサーノ)。

窮地にあった米国の名門企業ＩＢＭの救世主たるべく、関係者の輿望《よぼう》をになって登場したガースナーは、この間、どのような実績を残したであろうか。

IBMの経営業績は、一九九一年から九三年の間、三年続きでIBM史上例を見ない純利益の落ち込みを経験した。しかし、ガースナー時代となった一九九四年からは売上高、純利益ともに成長基調を取り戻し、九六年からは七～八％台の売上高純利益率を実現することになった（二〇〇二年は、マクロ経済落ち込みの影響で四％台に落ちたが）（前掲の**表5‐1**を参照）。

ガースナーへの会長兼CEO交代後の、このようなIBMの急速な業績回復は、これはまたこれで、社会の大きな驚きであった。九一～九三年の三年間、毎年純利益の倍化する落ち込みが続き、IBMの収益構造崩壊の底知れない深刻さを社会的に印象付けていたことからすれば、実に鮮やかな成長軌道と収益構造の回復であった。

この背景に展開していたのは、これまたこれまでのIBMの伝統からすれば信じられないような事業構造の変革であった。それは一言でいえば、ハード企業からサービス企業への大転換であった。

この間のIBMの事業分野別売上高の推移をみてみると、**表5‐2**の通りである。

この表にみられるように、一方で一九八〇年代までのIBMの伝統事業であったコンピュータなど情報処理機器のハード事業は、九六年の四七・九％から二〇〇五年には二六・七％に、大きく後退した。他方、サービス事業の方は、九六年の二九・四％から二〇〇五年には五二・〇％に拡大した。

こうして、ＩＢＭの事業構成の中で、伝統的なハード事業と新興のサービス事業のウエイトが対照的に逆転することになった。ガースナー会長兼ＣＥＯの下で展開した急速な業績回復の背景には、このような事業構造の大転換があったのである。

このような事業構造の転換は、ガースナーが主導した鮮やかな事業モデルの転換戦略によってもたらされた。先にあきらかにしたように、ＩＢＭは一九五〇年代以来の長年にわたる「一人天下」の成長の中で、二つの産業文化を前提とする事業モデルによって成長を図ってきた。第一は、メインフレームを中心とする「ハード主導」の事業モデルである。第二は、これまでのその圧倒的な地位に依拠した、「資源内包型」の事業モデルである。一九七〇年代までのメインフレーム中心の時代においては、このような事業モデルは有効に作用してきた。

しかし、ダウンサイジングとオープン・システム化が進む新しい産業環境の下では、このような事業モデルは急速に時代遅れになってきていた。このような旧来型の事業モデルからの転

表5-2　IBMの事業分野別売上高推移：1996-2005年

（売上高単位：100万ドル）

事業分野	1996年		2000年		2005年	
売上高	売上高	構成比	売上高	構成比	売上高	構成比
ハードウエア	36,350	47.9%	37,777	42.7%	24,314	26.7%
サービス	22,310	29.4%	33,152	37.5%	47,357	52.0%
ソフトウエア	11,426	15.0%	12,598	14.3%	15,753	17.3%
ファイナンシング	3,224	4.2%	3,465	3.9%	2,407	2.6%
その他	2,637	3.5%	1,404	1.6%	1,303	1.4%
合　計	75,947	100.0%	88,396	100.0%	91,134	100.0%

〔出所〕IBM Annual Report 各年版による。

換が遅れたことが、ＩＢＭが危機を招いた背景の最大のものであった。

ガースナーは、二つの方向での事業モデルの転換を図った。

第一は、「サービス主導」の事業モデルへの転換である。

第二は、「ネットワーク主導」の事業モデルの構築である。

第一は、今日、顧客の購買行動が歴史的な変化の時代を迎えており、顧客は特定のサプライヤーの提供する独自のシステムではなく、さまざまなサプライヤーの技術を自社の事業プロセスに統合してくれるソリューションを提供してくれる企業を求める、サービス主導の時代が到来しているという認識にもとづく。

一九九六年、ＩＢＭは、この新しいサービス事業を担う独立の事業部門として、ＩＢＭグローバル・サービスを設立した。ガースナーは後に、「ＩＢＭグローバル・サービスの設立に失敗しておれば、ＩＢＭは、少なくともわたしが思い描くＩＢＭは、それとともに破綻していただろう」と述懐している。サービス主導事業モデルへの転換は、ＩＢＭ再生の根幹を握る改革であった。

第二の、「ネットワーク主導」の事業モデルの構築についていえば、それは具体的にはこれまでのクローズドな事業世界から脱出してオープン・システム化の流れに事業を転換させることであった。そのための要点はソフトウェアであり、オープン・システム化対応のソフトウェアの事業化を確立することであった。

二〇〇二年、ガースナーが引退する時点で、ＩＢＭのソフトウェア部門は世界最有力のソフトウェア「企業」に成長し、ＩＢＭはネットワーク・コンピューティングで主導的な位置に立った。このようなＩＢＭでのソフトウェア事業の成長を大いに触発したのは、折りしも急展開し始めたインターネット時代の到来であった。

このような事業モデルの転換、つまり「事業の再定義」を大胆に実行したＩＢＭは、二〇〇八年後半のリーマン・ショックとこれを契機に始まったかつてない大不況の下でも、米国の代表企業の中では例外的ともいえる順調な業績を維持している。

IBMの復活を伝える『日経ビジネス』誌、1997年5月19日号

GM

一九九〇年代初頭、GMは、IBMと同じような危機に直面していた。そして、ドラッカーの同じような警鐘、「事業の再定義」という問題提起にもかかわらず、対照的に抜本的な経営改革の断行に乗り出すことはなかった。一九九二年の経営危機に直面してGMも会長兼CEOロバート・G・ステンペルほかの経営陣を更迭して、経営の建直しを図った。そして、マーケティング体制の再構築、ブランドマネジャー制の採用など積極的な改革にも乗り出した。しかし、決定的な経営改革を実現することにはならなかった。経営の落込みを結局、とりあえずのリストラでしのぎ、米国経済のマクロ経済の回復に助けられて二一世紀を迎えることになった。

しかし、二一世紀を迎えてからの推移はすでにみた通りである。一時的に糊塗されていた構造的な欠陥がふたたび爆発し、二〇〇九年、結局、経営破綻を迎え、政府の管理下での経営再建に身を委ねざるを得ないことになったのである。

ドラッカーは、「企業永続の理論」の段階でもし「事業の再定義」にまで踏み込んだ何らかの抜本的改革に取り組まなければ、GMはいずれ近いうちにまたふたたびより深刻な経営破綻に追い込まれるとみていたと思われる。「企業永続の理論」はその警鐘であったのである。

しかしGMは、ドラッカーの警鐘を無視し、ドラッカーの提言に見合う根本的な経営改革、組織改革を行うことなく二〇〇〇年代を経過した。

この点について、ドラッカーは、「GMは、これらのことをすべて分かっていた。信じようとしなかっただけである。むしろGMは、一時的に取り繕おうとした。」「しかし、この取り繕いは、顧客もディーラーも、そしてGM自身の従業員も、マネジメントさえも混乱させた。そして、その間にGMは真の成長市場を無視してしまった」(Drucker, 1994: 邦訳、八ページ)という。

しかし、いずれにしても、GMはそれに踏み込めなかった。それは、なぜだったのか。これは、なかなかの難問である。前章で私はこの問題に「スローンの呪縛」というコンセプトで答えようとした。つまりGMは、いまだに八〇年前、一九二〇年代にかのスローンが築いた経営システムと、一九六三年に著書『GMとともに』に結晶させたスローンのマネジメント哲学の呪縛から解き放たれていなかったのではないかということである。

とりわけ一九二〇年代はじめにGM再建のために構築した経営システム、具体的には「米国の自動車市場とは価値観において同質のものであり、極度に安定した所得階層によって区別されるものである」という前提に立って構築された、いわゆる自動車のフルライン・システムの呪縛であった。さらにこれをサポートする消費者金融システムの呪縛であった。

しかし、これらのシステムによって形づくられてきた事業モデルが、市場のグローバル化、国際競争の激化ともあいまって、大きく揺らいで来つつあったし、その揺らぎは今日ますます大きくなってきているようにみえる。

しかし、スローンによって構築された、このようなこれまでの自動車事業モデルは、GMのみならず、多かれ少なかれ、日本の自動車メーカーも含めて、世界の自動車メーカーが踏襲してきたものであった。さらにいえば、自動車ビジネスのみならず、二〇世紀の経済成長を支えてきた耐久消費財ビジネスの世界での事業モデルであったともいえる。

このように考えてみると、ドラッカーが「企業永続の理論」でGMに迫った「事業の再定義」という課題は、さらに二〇世紀の成長産業の事業モデルの見直しを迫る意味をもっていたのではないかと思われる。

※ 本章は、ドラッカー学会年報『文明とマネジメント』第三号、二〇〇九年、に所収された「P・F・ドラッカー『企業永続の理論』(『ハーバード・ビジネス・レヴュー』一九九四年九・一〇月号所載)の警鐘」をリライトしたものである。

6. 公的サービス機関のイノベーションをいかに進めるか
——大学のイノベーションを求めて

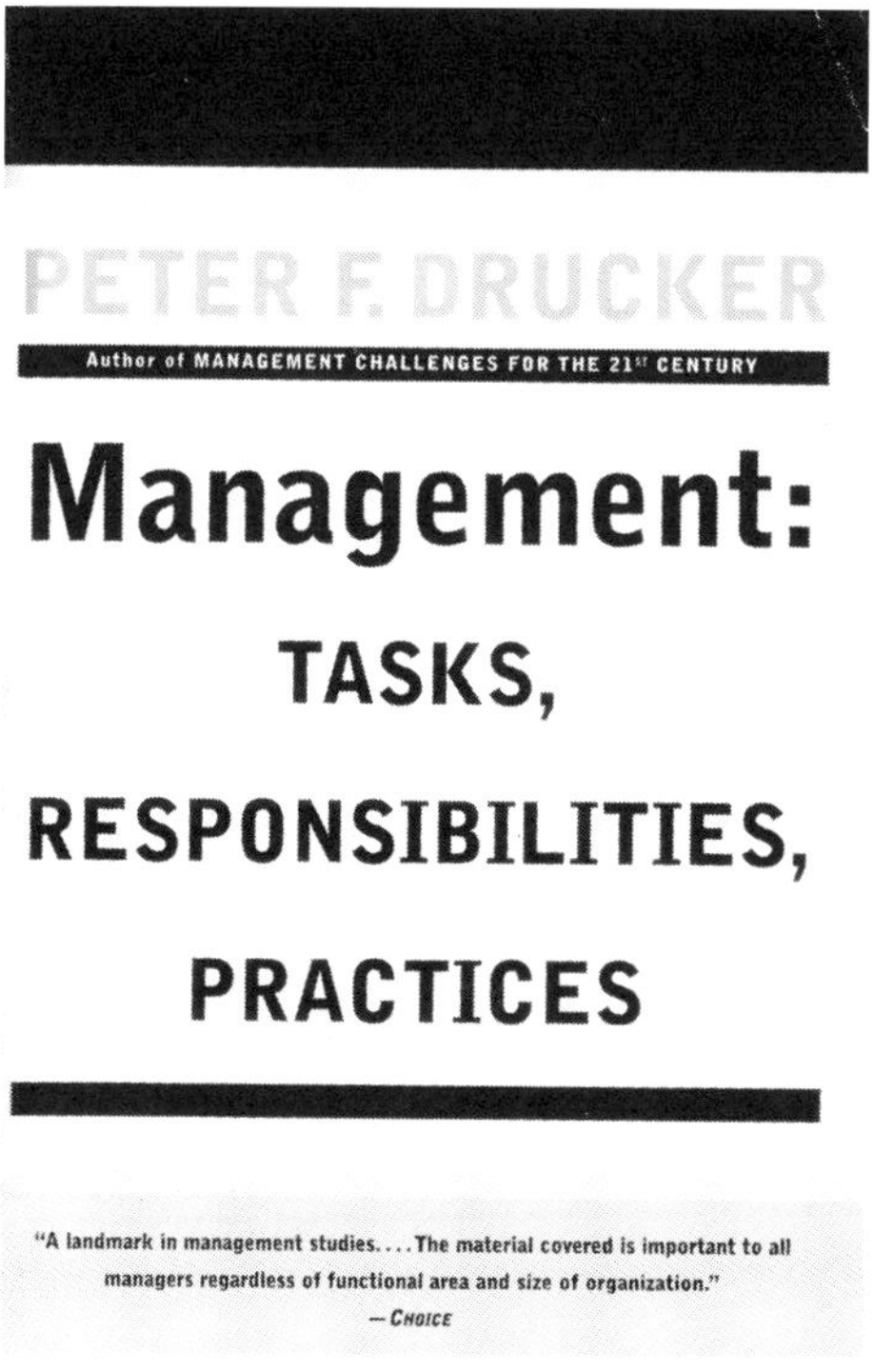

ドラッカー『マネジメント』原著表紙（Harper Business 社版）

「公的サービス機関は、イノベーションや新しい事業を、自らの基本的な使命、存在、価値、信念に対する攻撃として受けとる。これがイノベーションにとって深刻な障害となる。これこそが、公的サービス機関におけるイノベーションが、なぜ既存の機関からではなくベンチャー的な機関から生まれるかの理由である。」（Drucker, P. F., 1985, *Innovation and Entrepreneurship*: 邦訳『イノベーションと企業家精神』ダイヤモンド社、二〇〇七年、二一二ページ）

※　本書では、ドラッカーの the public-service institutions を「公的サービス機関」と訳している。）

はじめに

筆者は、一九八八年四月、本務校立命館大学の教学部長という仕事を預かることになり、それ以後、二〇〇四年三月の定年の時まで、学校法人立命館の副総長や立命館アジア太平洋大学の学長など、大学の管理運営に直接に関与することになった。その間一貫して私の課題は「大学改革」であり、「大学のイノベーション」であった。

そのようなこともあって、ドラッカーの「イノベーション論」は、私にとって大きな励ましであり、支えであった。

とくに、一九七四年の『マネジメント――課題、責任、実践』第Ⅰ部「マネジメントの役割」における「公的サービス機関の成果」と、一九八五年の『イノベーションと企業家精神』第一四章「公的機関における企業家精神」で説かれている「公的サービス機関のイノベーション」論は、私自身が本務校立命館の管理運営に直接に関わるようになるにしたがって、ドラッカーのそれまでのどの著作よりも、私にとって身近なものとなった。

私は大学の管理運営の仕事の過程で、思いもかけずドラッカーから直々に厚誼をいただく幸運にも恵まれた。私にとっての立命館での仕事の最大の課題となった立命館アジア太平洋大学（ＡＰＵ）の創設で、ドラッカーから直々に温かい励ましのメッセージをいただくことになったからである。このようなこともあって、私にとってドラッカーは一段と親しみの深い存在となった。

私は、関わった立命館の管理運営の中で、事業的に三つの大きな大学のイノベーションを経験した。第一に立命館大学におけるびわこ・くさつキャンパス（ＢＫＣ）開設および経済・経営二学部のＢＫＣ移転と新展開、第二にＡＰＵ創設、第三に大学コンソーシアム京都の前身、京都・大学センターの設立である。それらの課題の遂行過程で、ドラッカーのイノベーション論から陽に陰に大いに励ましを受けた。

これらのイノベーションの実践とそこから私がえた教訓は、拙著『大学のイノベーション――経営学と企業改革から学んだこと』二〇〇七年、東信堂、や『ドラッカー再発見』二〇〇八年、法律文化社、で紹介したことがある。

ここで、大学におけるイノベーションの課題と実践についてドラッカーはどのような警鐘を私たちに残しているのかを、改めて考えてみる。

もとよりドラッカーは自ら大学で長らく教鞭を取ったが（サラ・ローレンス大学、ベニントン大学、ニューヨーク大学ビジネス・スクール、そしてクレアモント大学大学院などで）、大学そのもののイノベーションについて具体的にそれほど多くのことを言い残しているわけではない。しかし、ドラッカーの社会観察とマネジメントの教えは、大学のイノベーションを考えるものにとっても多くの深い教訓と警鐘を残している。

1. 公的サービス機関におけるイノベーションの必要と難しさ
──『マネジメント』と『イノベーションと企業家精神』が教えてくれたこと

ドラッカーの『イノベーションと企業家精神』は「イノベーションのための七つの機会」論をはじめ、これまでになかったイノベーションの実践論として、これまで多くの人々から評価されている。数あるドラッカーさんの著作の中でも広く愛読されている著作の一つであろう。

私が本書から受けた影響の最大のものは、本書第一四章の表題でもある「公的サービス機関における企業家精神」であった。同上書および、その先駆けをなした『マネジメント』第I部の「公的サービス機関の成果」は、大学の管理運営に携わった私にとって、いわば精神的指針であった。

一般に、政府機関や学校、各種慈善団体などの公的サービス機関の管理運営は、営利組織としての「企業とは異なる」という通念が働いてきた。それは、現状を積極的に改革することに対する強い抵抗として作用してきた。この二〇年の間、世界的に公的サービス機関の「民営化」が大きくすすんできたが、それでもこの通念は根強いものがある。なによりも、公的サービス機関内部の構成員には、「公的サービス機関は企業とは異なる。企業のようなイノベーションは馴染まない」という意識がまだ強く残っている。教育の世界では、経営が民営である私立大学・学校でもこの点は変わらない。

このような状況にあって、「公的サービス機関も、企業と同じように、企業家としてイノベーションを行わなければならない。いや、むしろ企業以上に企業家的であることが必要である」(Drucker, 1985: 邦訳、二〇七ページ)というドラッカーのイノベーション論、とくに「公的サービス機関における企業家精神」論に出会ったことは、私自身を大きく勇気づけてくれるものであった。

しかしドラッカーは、「公的サービス機関も、企業と同じように、企業家としてイノベーションを行わなければならない。むしろ企業以上に企業家的であることが必要である」とする一方で、「公的サービス機関がイノベーションを行うことは、最も官僚的な企業と比べてさえはるかに難しい」という。そして、それは、「既存の事業が企業の場合よりもさらに大きな障害となる」からであるという(以上、同上訳書、二〇七ページ)。

ドラッカーは、公的サービス機関が企業の場合よりも、既存の事業がイノベーションの障害となる理由として、三つの点を挙げている(同上訳書、二〇九〜二一一ページ)。

第一は、「公的サービス機関は成果ではなく予算にもとづいて活動する」組織であって、売上げの中から代価が支払われる組織ではないということである。このような組織では、予算規模こそが組織成功の指標となるのであり、予算規模の縮小につながる組織活動の縮小、削減には大きな抵抗が生ずる。

第二は、「公的サービス機関は非常に多くの利害関係者によって左右される」ということである。

公的サービス機関には、企業の場合のように、自分たちがそこから支払いを受ける売上げというものがない。したがって、企業の場合には結局、消費者の満足が優先し、基本的にその関係の成功が他の関係者の満足を導くことになるが、公的サービス機関の場合にはそのような核になるものがなく、すべての関係者を満足させなければならない。どのような組織においても、新しいことの導入は利害関係者の論議を呼ぶが、それをすべての関係者の満足のいくようにすすめることはなかなか難しい。

第三は、これが実はもっとも重要な理由であるが、「つまるところ、公的サービス機関は善を行うために存在する」ということにある。このことは、公的サービス機関は、自らの使命を道義的な絶対とし費用対効果の対象とは見なさないことを意味する。したがって、公的サービス機関に対してイノベーションを推進し、何か別のことを行うよう要求するならば、それはその機関の存在理由、理念に対する攻撃として反撃を受けることになるという。そしてこれが、公的サービス機関のイノベーションがなぜ既存の機関から生まれ難いかを説明する最大の理由であるという。

2．迫られる大学のイノベーション

この章は、ドラッカーの社会観察とマネジメントの教えが私たちの直面する大学のイノベーションにどのような課題と警鐘を残しているかを考えようとしている。

大学は、いうまでもなくドラッカーがいう「公的サービス機関」を代表する存在である。したがって、それは企業と同じように、企業家としてイノベーションを行わなければならない。むしろ企業以上に企業家的であることが必要である。と同時に、それがイノベーションを行うことは企業と比べてはるかに難しい仕事である。そしてそれには、既存の事業が企業の場合よりもさらに大きな障害となる。

今日大学の管理運営に関わる多くのものは、程度の差はあれ、このようなドラッカーの警鐘を身にしみて実感しているといってよいであろう。

その背景にあるのは、日本の大学をめぐる環境の大変化と、それに伴って浮上した新しい課題である。

一八歳人口減少と「大学全入時代」、大学間「大競争時代」の到来

第一は、日本の一八歳人口の急減が大学教育の質や大学経営に及ぼす影響である。

日本の一八歳人口は、一九九二年に二〇五万のピークを迎えた後、減少期に入り、二〇一〇年度には一二二万まで落ち込んだ。このような動向の中で、二〇〇五年度には入学者定員割れになった大学（四年制）は五四二校のうちの約三割にあたる一六〇校に上り、過去最多となった（その後もこの割合は上昇している）。さらに二〇〇七年度には、志願者数が大学・短期大学の入学定員を下回る、いわゆる「大学全入時代」が到来した。日本の大学もいよいよ本格的な、マーチン・トロウのいう「ユニバーサル化時代」を迎えている。

他方、二〇〇三年度には「学校教育法」の改正が行われ、一定の要件を満たす学部等の設置は「届出制」とするように変更された。これによって、学部や学科の設置は、各大学の自由裁量で実施し易いものとなった。

このような状況の中で、各大学は従来の学問分野の枠組みにこだわらないより社会的ニーズ志向の、ユニークな学部・学科の設置を進めている。その結果、一八歳人口が減少する中にあっても、積極的な学部・学科、大学院研究科の設置が展開しており、大学存立の大前提となる志願者の確保にむけた改革競争が熾烈に展開している。

このような大学間競争に拍車をかけたのは、政府の高等教育制度改革の最大の眼目であった国立大学の法人化であった。国立大学の法人化は行財政改革の一環として位置づけられ、これと並行して進展した大学審議会や総合科学技術会議の論議に大きく影響を受けつつ、これまでの国立大学の運営の大改革をスタートさせた。

国立大学法人のガバナンスの特徴は、第一に、学長が大学運営に強力なリーダーシップの発揮できる構造が保障されていることである。各種会議は審議機関とされ、基本的な決定権は学長が有することになっている。第二に、中期目標と第三者評価の二つの仕組みによって、自律的に改革を行わざるを得ない仕組みが整えられていることである。第三者評価の前提となる中期目標の策定とこれにもとづく実行が予算配分と連動されるという仕組みの下で、改革の実施がいやおうなく促進されるシステムがビルドインされている。このような新しい仕組みの下で、現在国立大学法人では、年次的に削減される経常予算に対して、かつてない厳しいスクラップ・アンド・ビルドが取り組まれている。

国立大学法人の改革の積極的、かつ急速な改革の展開は、当然のこととして私立大学の存立にも大きな影響をもたらしている。いまや日本の大学界は、かつて経験したことのない、国公立、私立を巻き込んだ、厳しい大学改革と「大競争時代」に突入している。

国際レベルで展開する競争環境

第二は、日本の大学がおかれている国際環境の変化である。

今日、高度な知識人材の確保が各国の国策として必須の課題となっている。同時に人材の国際的流動性が急速に高まっている。このような中で、各国での積極的な高等教育政策、研究振興政策の展開を背景に、個別大学・研究機関などでの、国際舞台での人材確保の競争が熾烈さを増している。

とくに欧米先進諸国は、発展途上諸国とは対照的に、若年層人口が停滞ないし減少傾向に入りつつあり（周知のとおり日本も同様）、人口急増地域、とくにアジア諸国・地域を対象に、優秀な若者には経済的には相当な優遇条件を提示するなどして、激しい大学・大学院入学者獲得競争に乗り出している。

他方、アジア地域の政府および各大学では欧米に流出する優秀な人材を国内で教育し、研究人材として育成する条件を高めるためにも、政府レベルでの高等教育政策、研究振興政策の積極的展開を進めている。またとりわけ、個別大学レベルでは教育・研究の国際化が急ピッチで展開されている。

こうした大学をめぐる国際環境が急速に変動する中で、日本の大学の国際化はこれまで相当遅れをとっているといっても過言ではない。

私自身は、一九九〇年代後半から、学生の半数、毎年四〇〇名（当時）の留学生を受入れる国際大学、APU開設準備のためにアジア全域で行動したが、その経験でいえば、当時ここでの若者にとっての日本の大学の知名度、存在感は惨めなくらい低いものであった。なによりも屈辱的であったのは、日本の大学では日本語だけで教育がおこなわれているという閉鎖性と相俟って、そもそも日本の大学教育に対する信頼性が極端に低いことであった。

もとより二〇〇〇年以後日本の各大学の国際化が大きく動き出し、状況は変わってきている。しかし、国際化を叫びつつも、依然として教育を日本語のみによっている日本の大学は、国際舞台から見れば、きわめて閉鎖的な社会とみられていることは、基本的に変わらない。

しかし、日本の大学がこれから活路を拓いていこうとすれば、このような高等教育と研究活動の国際舞台での展開と切り結んでいかなければならないのであり、それに相応しい国際レベルの経営感覚、経営行動を組織的にも、個人的にも身につけていくことが求められる。日本の大学にとって、「国際的に通用力と信頼性があり、国際的に評価される大学」づくりが急務なのである。

今日日本の大学が直面する状況は、かつて一九八〇年代に世界のコンピュータ産業が直面した状況に擬えることができる。

当時世界のコンピュータ産業を支配したＩＢＭは、一九七〇年代まで、①先端ＩＣを駆使した大型・メインフレームと、②それを動かす固有のオペレーティング・システム（ＯＳ）を二つの柱とした、自ら作り上げた技術基盤の上に、万全の市場支配体制を築いてきていた。しかし、一九八〇年代に入って急潮化してくる技術革新の新しい波、①ダウンサイジング（コンピュータの小型化、デスクトップ化、さらにポータブル化）と、②オープン・システム化（汎用ＯＳの一般化）の流れによって、急速にその市場基盤を揺るがされることになった。このような技術革新と市場基盤の再編成の中で、それまでの圧倒的な産業支配企業ＩＢＭも、一九九〇年代に劇的な再編成を迫られることになった。

いま私たちの日本の大学も似たような状況に直面している。

もとより日本の大学界が一九七〇年代までのコンピュータ業界のように一社によるガリヴァー支配の状況にあるわけではないが、それぞれの大学がそれぞれの既存の存立基盤によって棲み分けを図り、事柄によっては国内制度的に守られてきたところがあったことは否めない。

しかしいま、教育対象である一八歳人口の急減状況とあわせて、これまでの最大の棲み分けであった国公立と私立の間の仕切りが大きく崩れ、競争環境は一挙に「オープン」化した。これは、とくに私立大学にとっては、これまでの蓄積資源が大きく、しかも引き続き政府支援の大きな国立大学との厳しい競争に晒されることを意味した。

しかし大局的にみて、最大の競争環境の「オープン」化は、紛れもなく国際化であろう。大学の教育と研究をめぐる国際環境は、急速に「オープン」化してきており、そのような国際環境の中で教育と研究の信頼性と評価が問われることになりつつある。

こうしていま、日本の大学はそれぞれこのような二重の競争環境のいわば「オープン」化に直面している。このような日本の高等教育史上かつてない環境変化を各大学がどのような創造的な戦略で対応していくことになるのか。その帰趨は、ひとつ個別大学の存続、発展の問題であるだけではなく、大きく日本の高等教育と研究の発展の将来を左右するものといって過言ではないであろう。

その際、決定的に大切と思われることは、第一の日本国内レベルの課題を狭く国内的な視野だけで解決を図ろうとするのでは、早晩大きな限界に立ち至るであろうということである。国内的な課題とみえることをそのレベルの視野に止めて解決を図ろうとするのではなく、絶えず第二の国際的な環境変化への対応の課題として解決を図ろうとする取組みが必要であり、そのような取組みこそが大学の将来の創造的な戦略を作り出すことになる。

このような大学をめぐる国際環境の変化に対応する政府・文部科学省の政策展開として、二〇〇九年度より国際拠点化整備事業、いわゆる「グローバル三〇」プロジェクトの取組みが開始した。「グローバル三〇」プロジェクトは、二〇二〇年代初頭までの留学生の受入れ三〇万名を目標とすることを前提に（二〇一〇年現在は約一四万名）、現在一三の大学を留学生受入れと教育の国際化の拠点大学として指定し、大学の国際競争力強化のために財政支援などを実施するというものである。

「教育の質保証」システムの構築と、「教育」という事業における改革の難しさ

このような日本の大学をめぐる環境変化の中で、一方では大学ユニバーサル化時代に相応しい学部教育のあり方が問われている。学生の実態に相応しい「学びと成長」のための教育システムの構築が求められている。また他方、国際化時代にもとめられる日本の大学教育の国際的通用力の構築が問題となり、国際的互換性のある教育システムの形成が求められてきている。そしてい

ずれの側面からも、日本の大学の「教育の質保証」をいかに進めるかという課題が浮上してきている。

このような状況の下で、二〇〇二年一一月、学校教育法の改正により、各大学における教育、管理運営における自己点検・評価の実施と公表、および外部認証評価機関による認証評価の義務が定められた(この認証評価制度は二〇〇四年度より施行された)。

学校教育法六九条の三は、次のように定めた。

「大学は、その教育研究水準の向上に資するため、文部科学大臣の定めるところにより、当該大学の教育及び研究、組織及び運営並びに施設及び設備の状況について自ら点検及び評価を行い、その結果を公表するものとする。

2　大学は前項の措置に加え、当該大学の教育研究等の総合的な状況について、政令で定める機関ごとに、文部科学大臣の認定を受けた者による評価をうけるものとする。」

これは、大学における「教育の質保証」システムの形成に向けて一つの大きな画期となった。

しかしこの間、社会の大学教育に対するニーズが変化し多様化する中で、現在の教育システムや内容が実際の社会的な要請、学生の「学びと成長」の期待に応えているかどうかという論議が絶えず繰り返されてきた。しかし、その改革は、容易に進まないところがある。

その最大の問題は、大学教育では提供される教育のシステムや内容と、教育を直接享受するもの、なによりも学生の実際のニーズとの照合の機会あるいはメカニズムがなかなか機能し難いということである。教員は組織的にも個人的にも、すでに準備されたシステム（カリキュラム）と内容を前提として授業を進める。しかし、こうして提供されるシステムや内容が実際に学生のニーズに適合しているかどうかの検証はなかなかに困難を伴う。

ものやサービスの市場世界では、顧客のニーズとの適合の検証は、売れるか売れないかという単純明快な形で、直接になされる。しかし、すでにあらかじめ約束されたシステムを前提して時間をかけ、体系的になされる教育というサービスの提供では、それが実際に受け手のニーズに適合しているのかどうかの検証は簡単ではない。

もちろんこの場合でも、ある一定期間を経過すれば、適合、不適合はおのずから浮かんでくる。個々の授業に対する受講者の評判もその一つの指標であろう。しかし、限られた期間（基本的に四年間）で総単位数（現行一二四単位）を修得させるという今日の大学の教育システムの下では、それが授業とニーズの適合、不適合の正確な指標となるとはいい難いところがある。また、大学教育においては、教授する側における高い専門性と経験の蓄積に対して、受け手としての学生が成長途上にあるという本来的な非対称な関係が存在している。したがって、授業とニーズの適合、不適合の判断は決して容易ではない。

このような大学教育をめぐる環境は、残念ながら、組織的にも個人的にも、教育に保守性を蓄積させるところがある。教育はその仕組みや内容がいったん確立すると、それが人々の日々の営みの蓄積に支えられている度合いが高いだけに、それを変更することには大きな抵抗を伴うことになる。これが、教育のシステムや内容に対して守旧的な態度をとらせる。「教育のシステムや内容はあまり簡単に変えるものではない」という考えが当然のこととして定着してくる。そしてそれがまた、学生の教育ニーズ、一般的にいえば顧客ニーズに対する無感覚を生み出すことにもなる。

このような状況を打破して、どのようにして大学ユニバーサル化時代、国際化時代の「教育の質保証」システムを構築していくかが、今問われている。

3. ドラッカーの教えは、大学のイノベーションにどのような警鐘を鳴らすか

このような、今日日本の大学教育が直面している課題に対して、ドラッカーの教えは私たちにどのような警鐘を鳴らしているであろうか。この章の課題は、ドラッカーの社会観察とマネジメントの教えが私たちの直面する大学のイノベーションに残した課題と警鐘を考えてみることである。

これまで述べたように、日本の大学は、今大きな曲がり角に立っている。社会を代表する公的サービス機関としての大学はこの挑戦を乗り切らなければならない。大学は企業と同じ使命をも

つものではないが、社会を代表する組織として、企業と同じように、「企業家としてイノベーション」を行わなければならない。むしろ企業以上に企業家的であることが必要である。しかも、大学がイノベーションを行うことは、企業と比べてはるかに難しい仕事である。

これをいかにして果たしていくか。

公的サービス機関のイノベーションのために必要な企業家的経営管理の方法

まずドラッカーは、一般的に、公的サービス機関のイノベーションを可能にするためにはどのような企業家的経営管理の方法が必要かをあきらかにしている。この点についてドラッカーは、四つの点を指摘する（以下、Drucker, 1985: 邦訳、二〇七～二一六ページ）。

第一に、「公的サービス機関は明確な目的をもたなければならない。」当該の機関は、なぜ存在しているのか、何をしようとしているのかをあきらかにしなければならない。

第二に、「公的サービス機関は実現可能な目標をもたなければならない。」つまり、公的サービス機関は本当に実現可能な、最終的に達成を明確に確認できる目標設定を必要としているとドラッカーはいう。

第三に、「公的サービス機関は、いつになっても目標を達成できなければ、目標そのものが間違っていたか、あるいは少なくとも目標の定義の仕方が間違っていた可能性があることを認めなけれなければならない。」ドラッカーは、目標は大義ではなく、費用対効果にかかわるものとしてとらえられなければならないという。

最後に、「公的サービス機関は、イノベーションの機会の追求を自らの活動に組み込んでおかなければならない。変化を脅威としてではなく、機会として見なければならない」とドラッカーはいう。

またドラッカーは、『イノベーションと起業家精神』に先立って、『マネジメント』の第一四章「公的サービス機関の成功の条件」では、あらゆる公的サービス機関は自らに以下のような六つの規律を課す必要があるとしている(以下、Drucker, 1974: 邦訳、二〇〇～一ページ)。

(1) 「事業は何か。何であるべきか」を定義する。
(2) その事業の定義に従い、明確な目標を設定する。
(3) 活動の優先順位を検討し、活動領域を定め、成果の基準すなわち最低限必要な成果を規定し、期限を設定し、担当者を明らかにし、成果をあげるべく仕事をする。
(4) 成果の尺度を定める。
(5) それらの尺度を用いて、自らの成果についてフィードバックを行う。成果による自己管理を確立する。
(6) 目標と成果を照合する。

すでにあきらかなように、ここに示されているのは、今日いわれる、PLAN→DO→CHECK→ACTIONのサイクル(PDCAサイクル)の採用である。

ドラッカーはさらに、これらのステップの中で最も重要なのは、第六のステップ(目標と成果の照合)であるとしている。そしていう。

「企業には、非生産的な活動を廃棄しなければ倒産するというメカニズムがある。市場による競争のない公的サービス機関には、このメカニズムが欠如している。したがって、公的サービス機関において成果のない活動を廃棄することは、苦しくはあっても最も求められる意思決定というべきである。」(Drucker, 1974: 邦訳二〇一ページ)

大学のイノベーション——ドラッカーの警鐘

公的サービス機関のイノベーションについての、このようなドラッカーの指摘は、「マネジメントの発明」とされる一九五四年の『現代の経営』で示された組織運営の指針に立つものである。ドラッカー・マネジメントの原点である『現代の経営』のエッセンス中のエッセンスともいうべきものは、次の二点であろう。

第一は、「企業が何かを決定するのは顧客である」(Drucker, 1954: 邦訳、四六ページ)という、いわゆる「顧客の創造」「顧客のニーズ」を最重要視する視点である。

第二は、事業が成果を上げるには「自己管理による目標管理」（同上書、一六六ページ）が不可欠であるという視点である。

これらのドラッカー・マネジメントの基本視点を、大学の今日の実情に即して整理してみると、以下のようである。

(1) 大学に対する「顧客のニーズ」と大学の「事業の目的」

大学における「事業の目的」

ドラッカーは、事業の原点は「事業の目的は何か」を考えることであり、事業の目的を決定するのは「顧客のニーズ」であるといっている。大学にとっても、「顧客のニーズ」とは何かを考えること、これが第一に求められる。

大学における「事業の目的」を問われるとき、今日では、関係者が挙って上げる事項は、国公立、私立を問わず、教育、研究、および産学官連携や地域連携といった社会貢献の三つである。

しかしずっと以前からそうであったわけではなかった。産官学連携や地域連携が大学の事業目的として常識的に意識されるようになったのは、長く見てもこの二〇年のことである。

一九九〇年代を迎えるころでもまだ、産官学連携は大学の積極的な活動としては認識されていなかった。とりわけ「産学協同」とか「産学連携」は、大学の存立の前提である大学の自治や学問の自由とは相いれないものとして、敬遠されてきた。私自身の本務校であった立命館は、一九八〇年代後半から産官学連携に積極的に取組み、九〇年代前半には新キャンパス（びわこ・くさつキャンパス：BKC）での理工系学部の移転拡充を契機にその組織的窓口として「リエゾン・オフィス」を設けたが、立命館のこの取組みは、当時はまだかなりめずらしい取組みとして周囲からその成り行きが注目された。しかし、九〇年代半ば以降、政府、当時の通商産業省や文部省が「産業立国」政策の下に、産官学連携に大きく動き出し、その際国立大学でも同種の組織が軒並み設置された。このような動きの中で、大学の新しい活動のあり方として、産官学連携や地域連携が当然のこととされ、さらにその取組みの積極性、先進性が競われるまでになった。

それでは、教育と研究についてはどうであったか。学部学生を擁する大学である限り、「事業の目的」としてこの二つが否定されたことはない。しかし、教育と研究の位置付け、関係については、やはりこの二〇年の間にかなり大きな変化があった。

日本の大学の歴史を遡れば、大学は限られたエリート人材の育成機関としてその存在が認識され、勢いそれを裏付ける研究の高さが問われた。そのため、日本の大学では、教育の前にまず研究がおかれる、いわば「研究至上主義」の通念が通用してきた。それはまた大学院教育の性格も規定し、大学院は少数精鋭の研究者の養成機関と理解されてきた。

このような通念を大きく転換させたのは、一九八〇年代に、臨時教育審議会の活動をうけて八七年に発足した大学審議会の諸答申であった。

一九九一年二月、大学審議会の答申「大学教育の改善について」は、大学設置基準の大綱化、とりわけ一般教育、専門教育などの授業科目区分の撤廃を打ち出した。これによって、各大学がその教育目的達成のために必要な授業科目の体系を科目区分の制約を受けずに自主的に編成するということが可能となり、教育のあり方について各大学が独自の内容を打ち出すことができることになった。このような制度的な改革の背景にあったのは、大学がマス化段階からさらにユニバーサル化段階へ進んでいくという社会状況であったが、これらが相俟って、大学における、研究とは独自に教育というものの役割を認識させることになった。

またこれに先立つ一九八八年一二月、大学審議会から大学院の充実と改革に向けて、「大学院制度の弾力化」なる答申が出され、社会人教育・高度専門職教育機能の重視、大学院進学・学位取得促進の方向が打ち出された。また合わせて、大学院の拡大路線が打ち出された。これらの政策展開は、これまでの少数精鋭、研究者養成志向の大学院のあり方を大きく転換させることに繋がった。これらの政策転換の背景には、新しい経済成長を目指す政府の意向と社会の人材ニーズの変化があったが、このような動きの中で、大学における教育と研究の位置付けと、それぞれの役割の独自性が大きく浮上することになった。

こうして、一九九〇年代以降の二〇年間に、大学の「事業の目的」として、大学に対する社会的なニーズの変化、多様化の中で、それらに応えるために、教育、研究、および産学官連携や地域連携といった社会貢献の三つの活動がそれぞれ独自の役割を担うものとして確立してきたといえる。

「学生のニーズ」への感度を高めよ――ファカルティ・デベロップメント（教育開発）への期待

しかしこの中で、大学教育をめぐる環境は、残念ながら組織的にも個人的にも、社会のニーズ、学生のニーズの変化に即応できるように敏速に改革されてきたとはいえないところがある。先にも指摘したが、教育はその仕組みや内容がいったん確立すると、それが人々の経験の蓄積に支えられているところが大きいだけに、それを変更することには大きな負担感を伴うことになる。これが、教育のシステムや内容に対して外部からの意見を許さないという考えを当然のこととして定着させる。そしてそれがまた、学生の教育ニーズ、一般的にいえば顧客ニーズに対する感度を低下させることになる。

しかし、今日の大学教育はこのような、いわば大学をめぐる硬直化した内向的組織風土を早急に変革する必要がある。その際、教育の閉塞状況を変える最大のてこは、やはりきわめて単純な原理、ドラッカーのいう「顧客のニーズ」は何かという組織運営の原点であろう。

企業組織においては市場における「顧客のニーズ」こそがすべての活動の原点であるように、教育機関としての大学においても、その設立形態を問わず、活動の原点は、「学生」でなければならない。教育機関としての大学は何よりもその教育の質を重視しなければならないし、またその成功度を測る基本的な指標は、学生の「成長と満足」であろう。

この当たり前のことをどれだけ徹底できるか。これが、今日わが国の大学にとっての組織文化改革の基本である。

このような改革の重要な努力の一つとして、今日、関係者の間で、ファカルティ・デベロップメント（教育開発）のための活動が活発に始まっている。初等、中等教育に対比して大学教育のレベルでは、教育という要の営みが担当者個人の営みに任される風土が長く続いてきた。学問・研究の自由という大学の理念もからみ、これまで教育の営みは担当者個人の能力と才能にまかせ、むしろ外部から干渉すべきではないという考えが当たり前

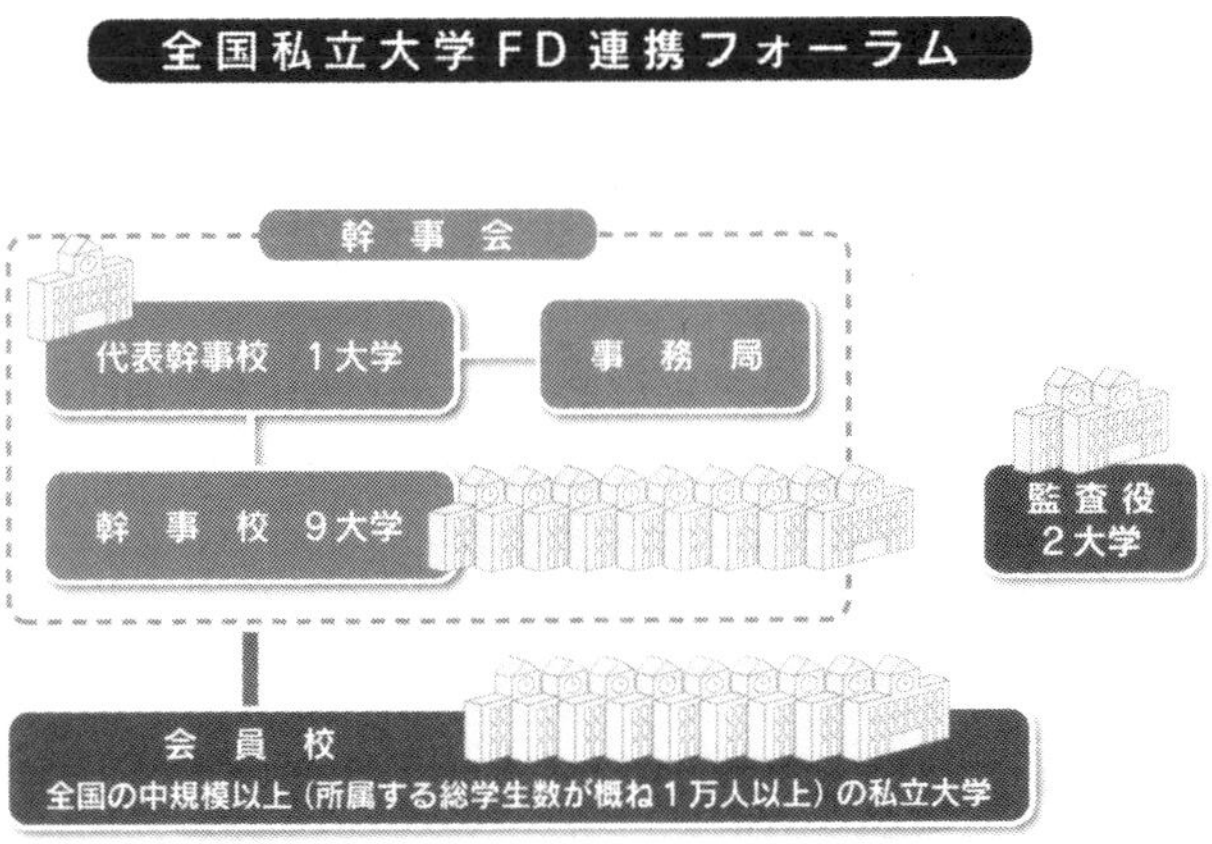

全国私立大学FD連携フォーラム（同フォーラム・ニューズレターより）

のこととして支配してきた。

しかし、教育という営みは、個々人の学問・研究の内容とは相対的に独自に、組織的、集団的に責任を持たなければならない性格のものであり、その営み自体も組織的、集団的に発展、進化させていかなければならないものである。

このように考えると、教育という場面に「顧客のニーズ」、具体的に「学生のニーズ」を反映するために、真摯なファカルティ・デベロップメント（教育開発）の取組みがより一層発展する必要がある。

(2) 大学管理にも目標管理の徹底を大学の認証評価を内部改革に

大学もまた公的サービス機関として、その事業目的に沿って「成果」を上げなければならない。ドラッカーは、組織がその事業目的で成果を上げるために求められるのは「目標管理」であり、とくに市場メカニズムにさらされない公的サービス機関においては、これが成功の最も重要な条件であるとしている。大学における「目標管理」は可能か、これをいかに進めるかを考えることが第二に求められる。

二〇〇二年一一月、学校教育法の改正により、各大学における教育、管理運営における自己点検・評価の実施と公表、および外部認証評価機関による認証評価の義務が定められたことは前段で述べたとおりである。

これは日本の大学管理運営の改革史上、画期的な出来事であった。それは、自己点検・評価によって大学の「教育の質保証」を図ることを制度的に定めたものであった。

しかし多くの論者が語るように、第三者によるこの認証評価の結果を実際に大学の内部改革に繋げることができなければ、その意義は大きく減殺される。認証評価を得たということは、当該大学が大学として必要最低限の教育・研究上の基本要件を満たしているということの証明に過ぎない。そのこと自体、もとより大いに意義のあることであるが、それぞれの大学に課せられている社会的責務や課題を考えれば、より高い水準の教育・研究の内実を構築していくことが求められている。

不可欠なＰＤＣＡサイクルの導入

しかし、このような観点から日本の大学のこれまでの自己点検・評価システムを振り返ってみたとき、気づくことは、これまでのシステムでは、組織の目標が成果検証可能な形で必ずしも明確化されておらず、自己点検・評価の基本機能であるＰＬＡＮ↓ＤＯ↓ＣＨＥＣＫ↓ＡＣＴＩＯＮ（ＰＤＣＡ）のマネジメント・サイクルの仕組みが十分確立、徹底していないということである。

私は、かつて本務校立命館大学で認証評価申請に関わる仕事に携わった経験があるが、この作業を進めつつ、いつもある種のいら立ちを感じていた。このいら立ちの背景は、この点であった。

立命館大学での私の経験を紹介することになるが、二〇〇四年度大学基準協会より認証評価認定を受けた後、二〇〇五年度より、自己点検・評価機能の強化を図り、大学組織にいわば「評価文化」を醸成していくために、二筋の取組みを開始した。第一は、総長・理事長の諮問機関としての「大学評価委員会」と、その事務局としての「大学評価室」の発足である。大学評価室は併せて、次回認証評価受審の事務局を担った。第二は、教育力強化に向けての「教学改革評価・検証指標」の設定と、それに基づく教学活動におけるＰＤＣＡサイクルーマネジメントの採用に向けた取組みである。

新しく設置された大学評価室は、自己点検・評価活動を進めるための視点と課題を、次のように整理した。

(1)　目標を確立する作業

これまで各組織の評価書を作成する際、目標や目標に対する成果を測定する基準が明確化できていなかったことに起因して、有効な自己点検・評価ができないという難点があった。したがって、各組織の目標、目標達成を測定する指標・基準、達成期限を、毎年次および中期スパンで明確にする必要がある。このためには、以下の点で既存業務の見直しが必要である。

①学園全体のビジョン・戦略目的などの提示

②部単位目標（領域別共通目標）の設定

③各組織目標（個別目標）の抽出

(2) 目標を検証・是正・公表する作業

目標設定や途中での目標変更は各組織任せの面が強く、大学としての組織目標を確定するという面では、目標管理委員会などで目標を評価している国立大学法人に比べ不十分である。今後、各組織の目標を、評価・是正・公表し、全学的・組織的なものとするための機能を確立する。

①目標の妥当性の点検評価・是正

②目標の全学公表

(3) 日標達成の責任の明確化と進捗状況報告

目標を組織的に達成するためには、実行過程における各阻織の責任を明確にする必要がある。この点では、以下の見直しが必要である。

①目標達成責任の明確化

②取り組み状況の報告

(4) 自己点検結果の検証と自己評価書の作成

これまで各組織の自己点検・評価の結果は、年次報告書及び四年ごとの「白書」としてとりまとめてきたが、これらはそのときどきの自己評価委員会の責任者などによる点検や判断で編集されてきた面があった。今後、総長・理事長、常任理事会が評価内容を十分認識できる状況にし、これを点検評価・是正するプロセスを確立していく。

①常任理事会への自己評価書の報告

②各組織の自己評価書を検証するプロセスの確立

③自己評価書の執筆、編集上の問題解決

(5) 改革・改善についての提言・提案

これまで、成果の点検・評価に基づく改革・改善の必要が認識されても、その具体化は主としてそれぞれの組織のレベルに任され、その実行には精粗があった。これからはこれを克服して、徹底した改革・改善策の実行が求められる。そのために大学評価室は、課題の指摘だけにとどまらず、可能なかぎり具体的な改革・改善施策を提言・提案するものとした。

私が関わった立命館大学の自己点検・評価機能強化の取組みを振り返ってみると、大学基準協会の認証評価を契機に、さらにいかに強力な内部評価システムを学内的に構築するかということであった。そしてその要となったのは、学内組織にＰＤＣＡサイクルを基本とする教学改革継続のメカニズムをいかにビルトインするか、またそれを通して「評価文化」といったものをいかに醸成させていくかということであった。

確かに、このような日常の営みを大学組織の中に根づかせることは、「一つの尺度で測るような目標設定は大学になじまない」という、これまでの大学の観念からすれば抵抗も大きいものであり、実践には苦痛を伴うものである。

しかし今日、大学という組織は、決して教育、研究、管理運営に携わる組織内部の専門家だけのものではない。大学の存立には、学生はもちろん、父母、校友、地域社会、自治体、企業など、さまざまな社会のステークホルダー（利害関係者）が関わっている。大学は、広範なこれらのステークホルダーの求める「ニーズ」に高い満足度で応えるものでなければならない。そのためには、これまでの伝統的な観念からすればいくぶん抵抗感のあるものであっても、外部から見て透明度の高い自己点検・評価システムを完備することが、今日私たち大学の社会的責任である。

そしてまたそれが、ドラッカー・マネジメントの観点からの、公的サービス機関としての大学に対する警鐘に応える道であろう。

※　本項の立命館大学に関わる叙述は、拙稿「認証評価結果を生かした大学改革——立命館大学の取り組み」『大学時報』第三一九号、二〇〇八年三月号、による。

4．立命館アジア太平洋大学（ＡＰＵ）の挑戦

今日の日本の大学にとって最大の課題は、国際的な環境変化への挑戦である。これに対する政府レベルでの政策対応として、留学生三〇万人受入れを機軸とする国際化拠点整備事業、いわゆる「グローバル三〇」プロジェクトの取組みが二〇〇九年度から開始されたことはすでに触れた通りである。

これに対して、個別大学の取組みも様々な形での展開がみられるが、その中でも注目されたものに、二〇〇〇年四月開設された立命館アジア太平洋大学、通称ＡＰＵの取組みがある。これは、学校法人立命館が地方自治体・大分県および別府市との公私協力で実現した、これまでわが国ではみられなかった国際大学である。この大学は、二〇〇九年度に開設一〇周年を迎えたが、二〇一一年四月現在、学部、大学院合わせて約二、七〇〇名の留学生を世界八一の国・地域より迎えている。

ＡＰＵ開設の取組みは、当初かなり「常識を超えた」プロジェクトとみられたが、それがベースとした教学の仕組みは、二一世紀に入りわが国大学の国際化のさまざまな課題を先進的に実現するものとして、そのいくつかの要素が政府の「グローバル三〇」プロジェクトの柱にも取り入れられた。

APUに対するドラッカーの励まし

ＡＰＵの開設は、筆者が学長予定者および初代学長として直接かかわった大型大学開設プロジェクトである。

最初に紹介しておきたいのは、このＡＰＵ開設プロジェクトには、すでに準備段階にドラッカーから大きな期待と励ましが寄せられたことである。

ＡＰＵ開設プロジェクトでドラッカーにお目にかかることになったきっかけは、一九九七年、当時筆者が世界的名声を有しておられるドラッカーに何らかの支援をお願いできないかと考えたのが始まりである。

当時経済団体連合会の広報センターにおられた、わが国の代表的なドラッカー翻訳者、上田惇生氏がこのプロジェクトをドラッカーに紹介し、筆者が一九九八年二月にカリフォルニア、クレアモントのドラッカーの自宅を訪問することになった。

ドラッカーは、私たち立命館の計画している国際大学ＡＰＵの構想に「この新大学設立の計画はすばらしいものだと思う」と述べ、その際この計画に対してさまざまな感想や意見を開陳した。

「これだけ国際化の必要性が叫ばれているのに、アメリカ人、日本人、その他のアジア人の相互に関する無知は恐るべきものがある。私の親しい日本の経営者の多くが、日本人の中にも、他のアジアの国々の人々の中にも、海外事業を任せることのできるマネジャーが少ないことを嘆いている。」

「相互理解を深めるには、二〇歳前後の若いときに、共に学ぶことがきわめて重要である。また将来、アジアにおける中産階級の増加と共に、生涯教育へのニーズも大きくなる。立命館アジア太平洋大学は日本で初めての〝外に向いた大学〟として評価できる。」（以上、ドラッカー訪問に同行した高元昭紘ＡＰＵ教授の記録による。）

その上で、次のようなＡＰＵへのメッセージを認めた。

「立命館アジア太平洋大学が成し遂げようとしていること、すなわち高等教育を通じてアジア太平洋地域を融合することは、世界の経済や社会にとって最も重要な仕事である。それによって、この地域の経済的成功を達成するための人間的基盤が築かれる。」

このドラッカーのメッセージは、新参の大学の知名度を一気に世界化するために、大きな貢献を果たした。また、ＡＰＵ開設に関わったものをずっと励まし続けた。

ＡＰＵ開設のイノベーションとしての意義

私が関わったいろいろな大学のイノベーションの中でも、もっとも刺激の大きかったのはこの取組みであった。

ＡＰＵは、一九九四年四月に話がもち上がってから丸六年間の準備期間を要して、二〇〇〇年四月に開学した。

このＡＰＵ開設がもったイノベーションとしての意義は、何といってもまず第一は、これがわが国でかつて試みられたことのなかった国際大学の開設であったことである。

ＡＰＵはその設立構想の最初の段階から「学生の半数」を外国からの留学生（ＡＰＵでは留学生を通常、「国際学生」といい慣わしているので、以下本書では、留学生のことを国際学生という）で受け入れ、わが国にアジア太平洋地域を中心に世界中から若者が集まる国際的な高等教育の拠点を構築すると同時に、これによって実現される多国籍・多文化教育環境の中で日本人学生に対する本格的な国際化教育を推進していくことを目

立命館アジア太平洋大学開設 10 周年

指したものであった。

しかも学生規模は、入学定員八〇〇名、収容定員三、二〇〇名という、当時も、また現在でみても、破格の大きな規模の大学創設であった。したがって、国際学生規模も一学年四〇〇名、四年間で一、六〇〇名という、常識を超える計画であった（以上は開設時の状況で、その後一〇年を経て、入学定員は一、二五〇名になっている）。

さらに、このような受入れ学生の抜本的な国際化に対応するため、キャンパスでの教育言語も、日本語と英語の二本立てとし、とくに英語による一貫した教育システムを導入した。また教育を担う教員も半数は、英語を主要な使用言語とする外国人で構成することとした。今日でもわが国のほとんどの大学が教育言語を日本語としているなかで（一部分を英語化しているところは増えてはいるが、大学・学部の教育カリキュラムを全面的、体系的に英語化しているところは、今日でも数少ない）、APUの試みは画期的なものであった。

こうしてAPUは、わが国でこれまで試みられたことのなかった国際大学であり、大学の国際化イノベーションといえるものであった。

APU開設のもう一つの大きなイノベーションは、わが国の国際学生受入れのモデル転換、モデル革新を実現したことである。

表6-1のように、現在（二〇一〇年五月現在）わが国が受け入れている外国からの国際学生は約

表 6-1　日本の国・地域別留学生受入れ状況：2010 年

国（地域）名	留学生数（人）	構成比（%）	国（地域）名	留学生数（人）	構成比（%）
中　国	86, 173	60. 8	フィリピン	524	0. 4
韓　国	20, 202	14. 2	イギリス	452	0. 3
台　湾	5, 297	3. 7	カナダ	358	0. 3
ベトナム	3, 597	2. 5	ロシア	358	0. 3
マレーシア	2, 465	1. 7	カンボジア	333	0. 2
タ　イ	2, 429	1. 7	ブラジル	324	0. 2
アメリカ	2, 348	1. 7	オーストラリア	318	0. 2
インドネシア	2, 190	1. 5	エジプト	300	0. 2
ネパール	1, 829	1. 3	サウジアラビア	300	0. 2
バングラデシュ	1, 540	1. 1	ラオス	275	0. 2
モンゴル	1, 282	0. 9	イラン	235	0. 2
ミャンマー	1, 093	0. 8	スウェーデン	212	0. 1
スリランカ	777	0. 5	ウズベキスタン	208	0. 1
フランス	705	0. 5	シンガポール	199	0. 1
ドイツ	554	0. 4	その他	4, 351	3. 1
インド	546	0. 4	計	141, 774	100. 0

〔出所〕文部科学省『平成 22 年度外国人留学生在籍状況調査結果』による。数字は 2010 年 5 月 1 日現在。

一四万名であるが、その約八〇％は中国、韓国、台湾からの学生であり、東北アジアの三つの国・地域からの学生が圧倒的なウエイトを占めている（そのうち、さらに中国からが約六〇％を占める）。

しかし、APUの状況をみてみると、これら三つの国・地域からの学生の占めるウエイトは五〇％台にとどまっており、あとの約四〇％は世界中の七〇～八〇の国・地域から入学してきている。

東京大学などいくつかの国立大学法人のように、主として大学院レベルで豊かな国費支援を提供して受け入れている場合には確かに受け入れ国・地域の拡がりは見られるが、国費支援を得られない私学の、しかも学部レベルで、このような国際学生受入れのグローバルな多様化はわが国の国際学生受け入れモデルの大きな刷新であった。

それでは、このようなAPUの国際学生受入れモデルの転換はどのようにして実現したのであろうか。

結論的にいえば、それは二つの国際学生受入れシステムのイノベーションに支えられている。第一は、APUでは教育上の使用言語システムを革新して、日本語と並行して、英語による全面的、体系的教育システムを導入しており、これによって日本語能力が入学の前提とはなっていないということである。このことは、APUへの入学においては、日本語の壁が完全に取り払われており、日本語ができなくても、英語能力があれば入学を可能にしている。これが、APUでは世界中から受験生のアクセスがあり、実際に世界中から学生が入学してきている第一の背景である。

しかし、理屈はそうであっても、実際に入学してきてくれるかどうか、とくに私たちが望むような優秀な学生がきてくれるかどうかということになると、現実はそう簡単なものではない。国外への国際学生の最大の送出し地域であるアジア太平洋地域の多くの若者たちは、留学先としてまず第一に米国や欧州、近くではオーストラリアなどを念頭においており、決して日本を第一においているわけではないという、厳しい現実がある。

そのような状況の中で、いかにしてアジア太平洋地域の若者や学校関係者の信頼を得、日本の大学に目を向けてもらうかという課題がある。これらの若者たちに日本への留学を視野においてもらうためには、日本語能力をはじめから前提とせず、まず英語での教育の条件整備を提示することが前提となるが、その上で日本の大学としての知名度、信頼性を確立することが不可欠である。

さらにその際、優秀な学生であればあるほど、彼らは米国や欧州の有力大学から豊かなスカラーシップを確保する力をもっていることを認識しておかなければならない。したがって、そのような学生を日本の大学に迎えようとすれば、それに対抗できる条件を提示する必要がある。これは、手持ちファンドのあまり豊かでない日本の私立大学にはなかなかたいへんなことである。

これらの課題を克服するために、ＡＰＵは、アジア太平洋地域を中心に全世界にわたり学生推薦のルートを確保する努力を重ねた。また奨学金ファンドの構築のために、さまざまな工夫を凝らした。この点では、とくに日本経済界のトップリーダーの前例のない積極的支援が大きな力となっている。

このような学生確保のためのいわばミクロな工夫の蓄積が、現在ＡＰＵに世界中からたくさんの国際学生が入学してきているもう一つの現実的な背景である。

こうして、ＡＰＵ開設は、①学生の構成からみても、教育システムからみても、キャンパス環境からみても、わが国でこれまでに試みられたことのなかった国際大学の開設であり、②そのような教育環境整備の中核となる外国からの国際学生受入れについて、これまでわが国の大学が常識としてきたモデルを大幅に転換、革新するものであった。

ＡＰＵ開設は、一九九四年から開学二〇〇〇年まで、六年の準備期間を要した。

ＡＰＵ開設で実践的に学んだ私学経営の核心

ＡＰＵ開設に関わっては、今でも外部から関心をもって出されるいくつかの質問がある。それらへの回答を整理すると、それらはそれぞれ公的サービス機関としての私立大学が大型のイノベーションを果たすために必要とされる基本的な条件、明確な事業ミッション、常識を超える発想、公私協力、財政自立、企業家精神、教職協働、産学官連携などを体現していたことに改めて気付かされる。

第一は、そもそも立命館はなぜＡＰＵのような国際大学を創ったのか。

第二は、立命館の本来の拠点が京都なのに、ＡＰＵはなぜ九州、大分県の別府にできたのか。

第三は、ＡＰＵを特徴づける、「学生数の半分を外国からの国際留学生で構成する」というようなコンセプトは、どうして生まれたのか。

第四は、大学の規模を決める一学年の学生定員（入学定員）で、ＡＰＵの場合どうして八〇〇名という大きな規模が、当時学生定員の抑制下で設定されたのか。

第五は、いかにして毎年四〇〇名という大きな規模の国際学生受入れが可能となったのか。

第六は、優秀な国際学生を迎えるのに現実に必要とされる奨学金ファンドは、いかにして用意されたのか。

立命館はなぜＡＰＵを創ったのか

一九八〇年代以降、社会全体がいろんな側面で急速に国際化の動きを強めてきていた。その中で大学も大きく国際化に動き出す必要が感じられ、一九八八年、立命館大学はまず国際関係学部を開設した。しかしそのころから、とくにアジアの目覚ましい経済発展を背景に、アジアがこれからの「成長センター」といわれ、「二一世紀はアジア太平洋の時代」といわれるようになってきていた。一九八九年のアジア太平洋経済協力会議（ＡＰＥＣ）の設立はこのような雰囲気を象徴するものであった。

そのような社会的背景から、国際関係学部の成果を前提に、さらに将来の「アジア太平洋時代」を念頭においた新しい国際化への挑戦として構想されたのがＡＰＵであった。したがってＡＰＵは、構想の初めから、アジア太平洋の若者、さらにアジア太平洋に関心をもつ世界の若者を念頭においた国際人材養成拠点の構築という視点から論議され、そのような国際化されたキャンパスでの日本の若者に対する国際化教育ということがイメージされた。それは、単に一大学の国際化という発想の枠を超えたプロジェクトとして考えられた。これが、広く国内外から共感と支持、具体的な支援を得ることにつながった。

そのようなミッションをもつ国際大学として、建学の精神も、①自由・平和・ヒューマニズム、②国際相互理解、③アジア太平洋の未来創造とされた。

私たちはここから、「事業ミッションの明確さ」の意味と役割を学ぶことになった。

APUはなぜ九州、大分県の別府にできたのか

これは、きわめて単純、明快な問題である。地方自治体大分県から大学誘致があり、大分県および別府市との大型の公私協力が得られたからである。具体的に、別府市が土地を無償提供し、大分県が施設設備に対する大幅支援を行うという協力関係が成立したことが最大の背景である。この協力関係の実現を通して、財政基盤がそれほど強くない私学がある程度大きな事業を志す時、「公私協力」のもつ意味の大きさを改めて学んだ。

もとより、立命館側を動かしたのは、単なる財政的な条件の問題だけではない。一九九四年当時、「アジア太平洋時代」の到来を念頭においた新たな大学の国際化の展開を模索しようとしていた私たちにとって、アジア太平洋地域をベースに地域外交を積極的に蓄積してきている大分県の平松

守彦知事からの、国際交流に特徴をもった大学を共同で創らないかという誘いは、歴史的にアジア地域との交流の拠点である九州での大学設置であるという点と合わせて、将来への大きな可能性を感じさせるものであった。

「学生数の半分を外国からの国際学生で構成する」というコンセプトはどうして生まれたのか

このコンセプトは、ＡＰＵというこれまであまり例のないプロジェクトを進める上で、強力な牽引力となった。このコンセプトが醸し出す新大学構想のイメージは、国内外で大きな魅力を創りだした。

しかしこのコンセプトは、最初は非現実的で、当時常識を外れたものとみられた。

この「常識を超えた」コンセプトが生まれたのは、「大学を創るのなら、数多ある大学と同じレベルのものでは意味がない。どうせ創るなら、これまでわが国で存在しなかったような新しいものを創ろう」「オンリーワンの大学を創ろう」という、当時立命館の長期計画に関わったとくに若い教職員の熱い論議と、それを受けた公私協力の相手方、大分県側の高い志からである。「わが国でこれまで存在したことのないタイプの大学といったら、どのようなものが考えられるか。」この問いから浮かび上がったのが、このコンセプトであった。

このコンセプトについてよく聞かれるのは、「これがどのような論議の結果生まれてきたのか」

ということである。しかし、このような経過からもあきらかなように、それは何かいろいろな状況、条件を十分検討の上で生まれてきたというよりも、何よりもこのコンセプトが先に生まれてきたということである。

当時わが国の大学では、一般に国際学生の受入れは国内学生受入れに対する補完として進められてきていた。しかし立命館は、このコンセプトに乗せて、人材養成における国際貢献とわが国大学の国際化の新境地開拓を使命とした国際大学ＡＰＵを構築しようとした。わが国最初の本格的国際大学は、省みれば、こうして生まれた「夢」に惚れ込んだものたちの、いわば執念が結実していったものといえる。

どうして一学年八〇〇名という入学定員規模が設定されたか

ＡＰＵの特徴を語るとき、「国際学生比率五〇％」が強調されるが、もう一つ重要なのは、この点である。入学定員八〇〇名が設定されることによって、実際に「毎年四〇〇名の国際学生」を迎えるという課題が浮かび上がるからである。

ＡＰＵの設置申請の準備に入った一九九〇年代後半、文部省(当時)の高等教育政策は、一八歳人口の減少期を迎えて定員抑制基調の最中にあった。文部省にとっては当初、この時期に八〇〇名という入学定員の純増を申請するということは「とんでもない」ことと「非常識な」ことと思われたと推察される。

しかし立命館にとっては、この規模はどうしても譲れないものであった。それは、立命館は私学であり、既設各学部もそれぞれ「財政自立」をめざしており、新大学APUも当然、財政自立の条件を絶対に必要としていた。

新大学が完成後財政的に自立する条件とは何か。それには、財政の七〇％を学費に依拠する今日のわが国の大学状況の中では、学生規模の確保が最大の保証であった。具体的に、今日の私立大学の平均学費水準を想定すれば、二学部から成る一つの大学を自立的、安定的に運営するためには、どうしても学生数一学年八〇〇名が必要であるというのがそれまでの私たちの経験則であった。私たちにとっては、当時定員八〇〇名の確保は、財政自立上、至上命令であった。

いかにして毎年四〇〇名の国際学生受入れが可能となったのか

・学生推薦国際ネットワーク

APUの開設のためには学内外、国内外にわたって様々な準備作業が必要であったが、そのうちで、この新大学にとってもっとも要であり、しかも最大の難関は毎年四〇〇名の国際学生を確実に受け入れることであった。

現在では「留学生受入れ一〇万名計画」がすでに実現され、さらに二〇二〇年代初頭には「三〇万人受入れ計画」が「グローバル三〇」として推進されているが、APU開設準備が本格化する一九九七年当時、日本への国際学生総数は五万名を少し超えた程度で、しかも対前年度人数が減少しているような状態であった。

さらに、一九九七年夏以降、外国での通貨価値の下落をきっかけにしてアジア全域が通貨危機、経済困難に見舞われ、アジアは経済のみならず、社会全体として大きな混乱に陥った。新大学の準備がいよいよ本格化するところで、ちょうどこのアジア経済危機に遭遇することになった。

私たちは、単なる広報活動や一般的なアピール活動だけでは確たるものが掴めないことがわかってきた。そこで、毎年四〇〇名の国際学生を安定的に確保する明確な仕組みとそれを実現するための行動計画を確立する必要があった。また、これをものにしないと、文部省、大学設置審議会から認可を得ることも難しかった。

私たちは、このためにいかなる行動計画、行動システムを確立するかを考えた。

一九九七年夏、まずアジアを中心に一三国・地域にそれぞれ教員と職員の三〜四名のチームを合計四五〇位の教育機関に派遣することにした。さらに、このような活動をアジア地域以外にも拡げつつ、九八年春以降も展開した。この間、私たちが直接海外行動を展開した国・地域は二〇を超えた。

このような海外行動の結果、一九九八年秋の第一次申請時には、七〇〇を超える高校・機関との交渉を踏まえて、約二五〇の高校・機関との推薦協定を準備することができた。推薦協定にもとづく推薦学生数は、四〇〇名をはるかに超えるものとなった（一九九九年七月の集約では、訪問期間数八八五、推薦協定数は二七三となった）。

このような、国際学生受入れのための様々な努力や協力関係が結実して、二〇〇〇年四月の開学時および九月には（APUの国際学生は四月と九月におおよそ半数ずつが入学する）予定を超える約四五〇名の留学生が五〇を超える国・地域から入学してきた。

このように、推薦協定のネットワークを張りめぐらすことで、APUは国際学生受入れの基盤を築くことができた。これは一〇年を経た今日もAPUの国際学生受入れの有力な基盤となっている（ただし、これで一〇〇％の国際学生受入れを行っているわけではない）。

・「日本語の壁」を破る

日本では国際学生受入れというと、今でも日本語での勉学が当然のごとく前提となっている。しかし、事前に日本語を習得して日本への留学に備えている学生がある程度の規模で存在しているのは、韓国、中国、台湾の三つの北東アジアの国・地域に限られている。アジアでもその他の、東南アジア、西南アジアの国・地域、ましてその他の世界の各国・地域では、日本語を習得している学生層はごく限られている。

このような状況の中で、いかに推薦協定のネットワークを拡げても、日本語での学習を前提とし、したがって日本語の事前習得を前提した場合、実際に十分な入学志願者が現れるかどうか、北東アジアの三つの国・地域外ではきわめてリスクを伴うものであった。

また、北東アジアの国・地域でも、海外留学をめざす積極的な学生層は、まず第一に英語の習得をめざしており、それらの層は当然のこととして英語圏、具体的には米国やカナダ、英国やオーストラリアへの留学を第一希望としている。それらの層は、よほどの動機がない限り、改めて日本語を習得して日本にくるということはない。

そのようなことを考えると、ＡＰＵではどうしてもこの「日本語の壁」を打破して、講義などでの使用言語を少なくとも日本語と英語の二言語システムに踏み切らなければならないと考えた。北東アジアの三つの国・地域を越えてアジア全域、さらに世界中から国際学生を受け入れ、また北東アジアでも事前に英語を習得して欧・米への留学をめざしている優秀な学生層を受け入れるには、「日本語の壁」を越えることは必須の条件であった。

この言語環境を採用したことの何よりの成果であり、ここから学んだことは、「日本語の壁」を越えることによって、世界中から日本に国際学生がやってくるようになったことである。現在ＡＰＵには、世界八〇を超える国・地域から学生が来ているが、これは明らかに「日本語の壁」を越えたことの効果である。これなしには、決してこのような状況は実現しえなかったであろう。

また、北東アジア三国・地域からは、事前に日本語を習得した学生だけではなく、英語を習得している、当初は米欧志向の学生たちが多数入学してくるようになった。今日では、これら三つの国・地域からの学生の九〇％はまず英語基準で入学し、入学後日本語を習得して、ほとんど不自由のない日本語能力を身につけて日本企業への就職を果たしている。

奨学金ファンドはいかにして用意されたのか

日本への国際学生受け入れを促進するにあたってのもう一つの大きな壁は、「経済生活条件の壁」である。どれだけ日本留学を熱望し、学力的、言語能力的に入学条件を満していても、日本での生活を保障する経済条件が整わなければ、留学は無理である。

この点で、日本への留学を希望する学生の圧倒的に多くが発展途上国・地域出身者であるのに対し、日本での生活費が世界の中でも抜群に高いという二重の壁が日本への留学には立ちはだかっている。

この壁をいかに克服して、優秀な国際学生を迎えうるかという問題である。

これらの現実的な問題への対応は、結論的にいえば、いかにして、留学生に対する奨学金等の経済支援を用意しうるかという問題に帰着する。しかし、ＡＰＵのような私学の、しかも学部留学生に対して国費による奨学金を期待することは、ごく少数の例外以外は現時点では不可能である。

そこで、私たちは、優秀な国際学生を受け入れるためにも、自前の奨学金ファンドを用意しなければならなかった。しかしこれは、その間の一般的な経済情勢から考えても理解されるように、相当な難題であった。また一定のファンドをつくることができても、この間の超低利子状況の下では、利子運用による奨学金形成は全く不可能であり、奨学金の継続的な準備は至難の課題であった。

しかし、私たちには、優秀な国際学生の受入れを保証しうる、ある程度の規模の奨学金ファンドの形成は不可欠の条件であった。

私たちは、このために日本経済界の有力企業のトップリーダーに「アドバイザリー・コミッティ（Advisory Committee. 以下ＡＣ）」の結成を懇請し、ＡＣメンバーの企業各社を中心に、幅広いＡＰＵサポーティング・グループが形成された。

ＡＰＵ国際学生に対する奨学金ファンド形成のために尽力したＡＣの結成には、日本を代表する約二〇〇の有力企業のトップリーダーが参加した。

ＡＣメンバー企業を中心に、幅広いＡＰＵサポーティング・グループの高志を得て、私たちはＡＰＵ開学までに相当額の奨学金ファンド形成を見通すことができるようになった。

この新しい形の産官学連携がＡＰＵ国際学生の受入れを支えている。

国際相互刺激が生み出す新しい教育・研究効果

「アジア太平洋時代」の国際的な人材養成と日本の大学の国際化への挑戦という、二つの課題を意識してスタートしたＡＰＵも、二〇〇九年、開学一〇年目を迎えた。

まだ一〇年程度の経験で、本来息の長い取組みである教育と研究についてその成果を計るのは謹まなければならないのかも知れない。そのことを十分心得た上で、しかしやはり、この間の「マルチカルチュラル」な環境での教育・研究の営みから見えてくるいくつかの点を確認しておくことも必要かと思う。

その第一は、学生間の相互刺激が生み出す教育効果である。ＡＰＵがつくり出している「マルチカルチュラル」な教育環境は、多様な国・地域からの学生相互の間で勉学面でも、ものの考え方の面でも、大きな刺激を与え合っている。その中で、多分これまで世界のどこの大学でもみられない、新しいタイプの国際人材が確実に育ちつつある。

その点では、とくに日本の学生の受けている影響は、他の日本の大学では考えられないものがある。

一般に国際学生たちの勉学意欲や志は高いものがある。わざわざ異国の地に高い費用をかけて勉学にやって来るわけであるから、それは当然のことである。しかし、その国際学生たちの高い意欲や志がこれまで日本の学生たちにどれだけ刺激を与えてきたかということになると、私の経験では、必ずしもそれほど大きなものがあったようには思われない。それは、国際学生がこの間増加してきたといっても、一つの大学、一つのクラスの中に置き直してみると、全学生の数%程度で、まったくの少数にとどまってきたからである。

しかし、やはり「数は力なり」である。大学の学生の半数、クラス学生の半数が、国際学生で占められるような環境の中では、彼らの高い意欲や志の明確さが堂々と表に現われ、日本の学生たちに影響を及ぼさざるをえない。

このような環境の中で、日本の学生たちも国際学生たちに負けないようにと必死で勉強するようになる。また、自分の存在を真剣に、真摯に考えざるをえなくなる。今まで生まれ育った日本という国についてあまり深く考えることのなかった日本の学生も、日本の文化、歴史、伝統、特性について真剣に考えさせられる。

しかし、このような新しい教育環境での教育効果の程度は、理屈ではなく、学生たちが社会へ巣立つ際に実際に試されるものである。

私たちAPUの創設に関わったものは、二〇〇〇年四月スタートと共に、四年後学生たちが試されるであろう社会的な評価の目標設定と、それを実現するための手立てを具体的、現実的に構築し、実行してきた。これによって、「マルチカルチュラル」な環境での教育効果を確実なものとする努力をした。

まだ短期間の成果であるが、ＡＰＵの「マルチカルチュラル」環境での人材養成の効果は、社会的にも大きく評価されつつあると思われる。実際に、二〇一〇年度までに七年間にわたって卒業生を輩出しているが、ＡＰＵの国際学生の卒業生たちは、大学院進学のものを除いて企業就職希望のものは、その多くが日本の学生にとってもなかなか難関の日本の有力企業に就職を果たしていっている。また日本学生も、首都・大都市圏外の、しかも新設の大学の卒業生の就職進路としては、多分破格のレベルの成果を上げている。

立命館関係者はこれを、国際学生、国内学生を問わず、この新しい大学の国際的教育環境が生み出しつつある、新しいタイプの人材に対する社会的評価であろうと積極的に受け止めている。国際学生、国内学生を問わず、大学院進学率が高いのもＡＰＵの特色である。大学院の進学先は、ＡＰＵ自身の大学院だけではなく、国内外に拡がっており、この点でも成果を出しつつあるといえる。

新しい効果の第二は、ＡＰＵで働く私たち教職員自身が国際学生たちから受ける新しい刺激である。世界の八〇を超える国・地域からそれぞれ異なる文化や習慣、価値観をもった若者が一堂に会する教育現場での指導が、ほとんどが日本育ちの学生で占められる教育現場での指導と様相を異にすることは、多くを語らなくても容易に察せられることであろう。このような状況の中で、ＡＰＵの教職員は、さまざまな苦労を重ねながら、その中で学生たちと同様に、一方で多様な文化との付き合い方を学ぶと同時に、他方で日本という国の文化や社会・経済の特質をより深く考える契機を与えられている。

第三は、教員スタッフの間におこる相互刺激である。二五もの違った国籍から成る教員集団が構成されると、さまざまな新しい教育手法が持ち込まれる。とくに、米欧で訓練を受けた教員はプログラム化された教育やIT技術を駆使する授業展開に高い能力をもっていたり、毎週かなりハードに宿題を課しながら、学習を刺激することを普通とする。これが学生たちに怠慢を許さない雰囲気をつくり出すと同時に、教員同士の間でも教育の質の向上のための競争を刺激する効果をもたらす。それは、従来の日本育ちだけの教員集団ではなかなか生じない、新しい雰囲気である。

産官学連携、国際研究協力の促進

第四は、このような日本ではユニークな「マルチカルチュラル」な環境での多様な人材や大学教育の効果に関心をもち、大学外の組織や機関、企業などから、教育・研究上の協力を受ける機会が多くなってきているということである。たとえば、協力講義の提供や、講義の講師派遣、インターンシップの機会の提供など、多様なものがある。経済界の研究グループから、各国からの国際学生たちとの、アジアと日本の将来をめぐるディスカッションの申し出を受けることや、ベンチャー企業家から学生を対象とするベンチャー・コンテスト実施の提案を受けることも度々である。これらは、いわゆる産官学協力・連携であるが、これがたいへん貴重な大学の財産となりつつある。

第五は、当然のことであるが、教員集団による研究のベースが一挙に国際化したということである、これまでの私の経験では、各種のファンドに申請する共同研究プロジェクトで、それにラインナップされる研究者は、ごく例外を除いて当然のことながら日本人研究者であった。しかしAPUでは、多国籍メンバーのラインナップは当然のこととなった。これは、たんに形式的な研究者のメンバー編成のレベルを超えて、研究そのものの目的や方法、趣向といった研究の実質やレベルを大きく変えていっているように思われる。

APUでは開設準備の時期以来「アジア太平洋学」という新しい学問分野の開発を目指している。これまで日本では「アジア太平洋研究」といっても、ほとんど専ら日本の研究者による地域研究であった。しかし、APUのような多国籍の教員集団を基盤とすることによって、文字どおり「アジア太平洋(人)によるアジア太平洋のための、アジア太平洋研究」が可能となっている。

このような状況のある程度の蓄積と成熟を基盤に、APU開設一〇周年も記念して、二〇一〇年秋、念願の「アジア太平洋国際学会」を結成した。これによって、APUの課題としてきたアジア太平洋研究、「アジア太平洋学」の開発をグローバル・ベースで推進する母体を構築することができた。

7．結びに
――APU 開設準備に見た「すでに起こった未来」

Transition of the Leading Regions of Civilization

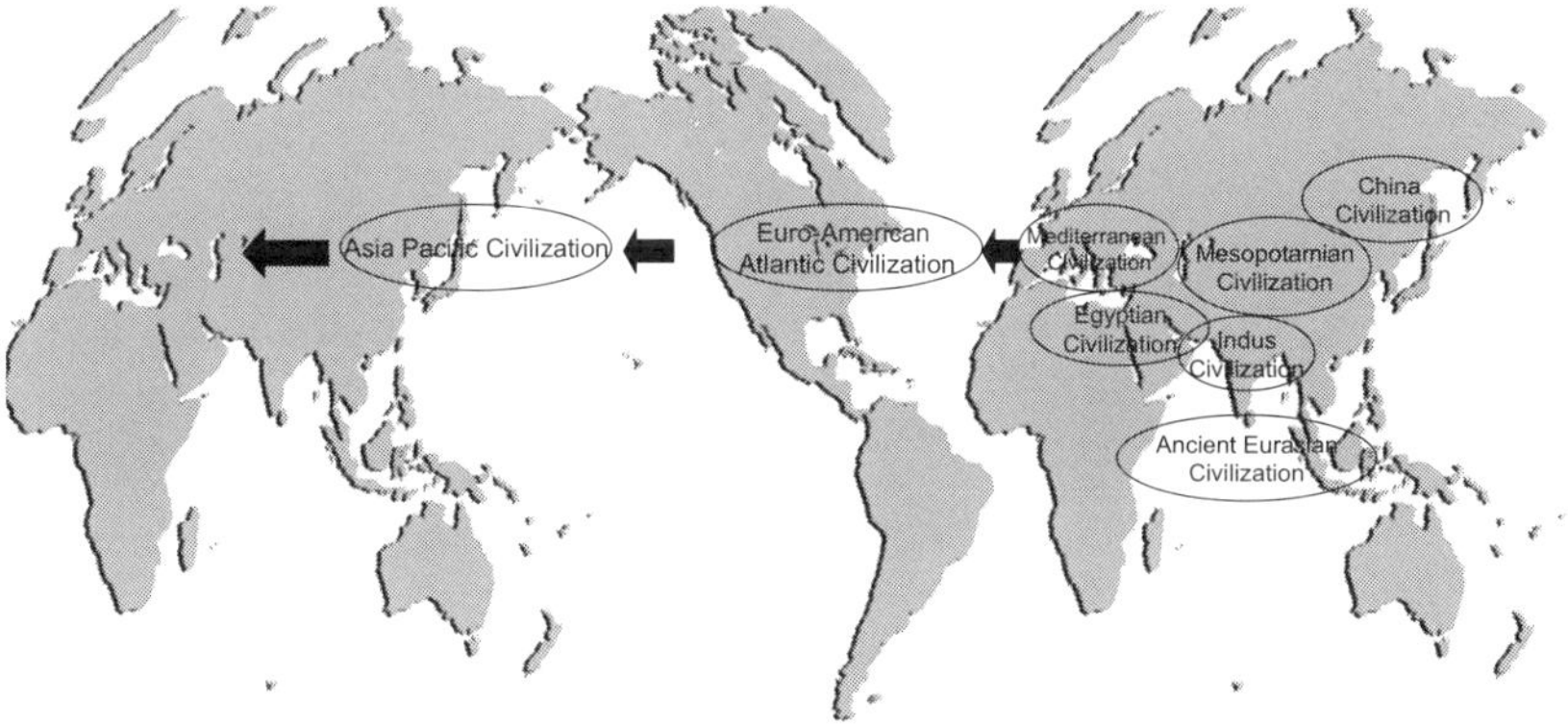

「アジア太平洋時代」の文明的位置（筆者作成）

「『思想における近代主義』と『生活様式における近代化』の所産である現代の西洋文明は、ダニエル・ベルが言うように『文化的矛盾』を表出するようになった。もし西洋文明がその固有の弱点を露呈するようになったとすれば、その文明の支柱を担ってきた教育体系の抜本的再検討が必要なのではなかろうか。こうした関心が、新しい哲学、従って新しい教育体系を緊急に求める機運を生み出した。『アジア太平洋大学』の設立に対する大きな期待はこのような関心の一つの表れである。」（ベイ、A.、一九八七、『アジア太平洋の時代』一六五ページ）

本書冒頭で私は、「社会生態学者」ドラッカーがその知的営みの真髄とした「すでに起こった未来」の認識は、二一世紀の今、まさに私たち自身に求められていると述べた。ドラッカーの見た「すでに起こった未来」をもう一度具体的に振り返ってみたのも、それを果たすためのものであった。しかし、二一世紀の今日の時点で、私自身の見る「すでに起こった未来」を具体的に示すことは、容易なことではない。

本書は、その課題を自覚しつつ、実際には筆者が一九九〇年代半ばに立命館アジア太平洋大学（APU）の開設に関わりながら経験した「すでに起こった未来」の認識について紹介し、結びとする。

なぜ立命館「アジア太平洋」大学か

学校法人立命館が大分県からの誘致を受けて開設に乗り出した国際大学に、「アジア太平洋」という冠をつけた。それはなぜか。

結論的にいえば、一九九〇年代に入ってまもなく二一世紀の到来がみえてくる中で、時代は「国際化の時代」であるといっても、具体的には特に「アジア太平洋」が時代を動かす中心軸となる時代、いわば「アジア太平洋の時代」になるという認識が社会的にも急速に拡まったことが背景にある。

その始まりは、周知のように一九七〇年代からあった。一九七〇年代以降、アジアの経済成長とそれを基礎にした社会変化は、多くの人々の歴史認識を大きく覆すものであった。それまで、「停滞するアジア」がアジアをみる常識であった。「停滞」は、たぶん一九世紀以降、一方では産業革命を弾みにして急速な経済発展がすすみ、社会の近代化が展開したヨーロッパや米国が、アジアをみる共通の眼であった。

しかし、これは一方的にアジアの責任であったわけではない。むしろそれは、欧米の経済発展と表裏の関係にあった。欧米の発展はその多くがアジアの犠牲において実現したものであり、アジアの「停滞」は、欧米における近代資本主義の発展の裏面でもあった。事実、アジア地域が欧米諸国の植民地となる一八世紀以前、アジア地域は経済的にも文化的にも世界の最先進地域であった (Madison, A., 1995 を参照)。

第二次大戦後、アジアの植民地が欧米先進国からの政治的独立を果たした後も、その経済的な「停滞」は続いた。しかし、戦後日本の経済高度成長を引き金にして、とくに一九七〇年代以降、アジアの諸国、諸地域が連鎖的に急速な経済成長を開始し、一転してアジアが世界の「成長センター」と呼ばれるようになった。そして、一九九〇年代に入ると、二一世紀は「アジア太平洋の時代」といわれるようになった。

このようなアジア地域の経済発展を背景に、米国も対外政策の重点を太平洋とアジア地域に大きくシフトさせることになった。このような米国の世界戦略の動きもまた、二一世紀は「アジア太平洋の時代」であるという認識を強めるものであった。

いずれにしても、一九九〇年代になると、世界の舞台でアジア地域の存在が大きなものとなり、「アジア太平洋の時代」の到来が実感をもって理解されるようになった。

一九九〇年代、いよいよ「アジア太平洋の時代」という認識をより具体的にいだかせるようになった一つの背景は、一九八九年に発足したAPEC（Asia Pacific Economic Cooperation: アジア太平洋経済協力会議）の結成であった。当初アジア太平洋地域の一二のメンバーで始まったAPECは、一九九八年には二一の国・地域が参加する国際協力組織となっているが、APECは毎年一回、非公式ながら大統領・首相レベルの首脳会合をもつようになった。新大学開設の論議が始まる一九九四年は、折しも一九九五年の首脳会合が大阪で開催されるのを控えた時点でもあった。

このようなこともあり、たとえば船橋洋一氏の『アジア太平洋フュージョン』（一九九四年、中央公論社）など、国内外で、「アジア太平洋」コンセプトを掲げた論議が大きく盛り上がってきていた。

このような新しい国際化の時代の雰囲気の中で、立命館でも、一九八八年開設された国際関係学部に象徴される国際化の成果を踏まえて、さらに「アジア太平洋の時代」に相応しい新しい国際化の展開をめざさなければならないという機運が出てきていた。

一九九四年、大分県からの大学誘致は、このような学内の新しい国際化へ向けての素地を大きく刺激することになった。

クルーグマン「まぼろしのアジア経済」――「本当に二一世紀は『アジア太平洋の時代』か」

一九九四年末、米国マサチューセッツ大学(当時。現在はプリンストン大学)のポール・クルーグマン教授が『フォーリン・アフェアーズ』誌上に「まぼろしのアジア経済(The Myth of Asia's Miracle)」という論文を発表し、アジア経済の未来への悲観論を展開した。

その根拠は、概ね以下のようなものであった。

①今成長する東アジア経済は、実はかつての旧ソ連経済のようなもので、日本を除けば、ほとんど投入の増大によるもので、投入一単位当たりの生産性の向上によるものではない。したがって、持続しない。

②東アジアと先進諸国との技術格差は縮まっておらず、これらの地域への資本流入も限られている。

これに対しては、今日のアジア経済の成長を旧ソ連経済に類似させるのは時代錯誤であるなど、さまざまな批判がなされたが、高名な国際経済学者クルーグマンの論説は、それなりに社会的に大きな反響を及ぼした。「やはり、二一世紀はアジア太平洋時代というのはまぼろしなのだろうか」という不安のようなものが漂った。当時アジア太平洋睨みの新しい国際大学APUの開設計画に乗り出そうとしていたのは、そのような時期であった。

さらにアジア太平洋の将来に大きな衝撃を与えたのは、経済危機であった。一九九七年七月、タイ通貨バーツの下落を引き金にして「アジア経済危機」が到来した。これは理論ではない現実として、世界中に、とくに「二一世紀の成長センター」ともてはやされてきた東アジア社会に大きな衝撃を与えた。やはり「クルーグマンの予言は当たった」「アジアの経済成長はもう終わったのか」という雰囲気が拡がった。この経済危機が元に復するのは、三年先だろうとも、五年先だろうとも論評された。

「すでに起こった未来・アジア太平洋の時代」を信じて

当時、私たち立命館では、ＡＰＵ開設に向けての作業が佳境に入ろうとしていた。とくに国際学生受入れのための海外行動に乗り出そうとしていた矢先であった。このアジア経済危機が私たちの事業の先行きに一抹の不安を感じさせなかったわけではない。しかしそのような状況の中でも、予定の作業は頓挫することなく続けられた。ただ周りには、このような状況の中で、立命館の新事業の成行きを危ぶむ声が多々あった。

関係者は、状況の困難さを感じつつも、精神的にはむしろ、困難な状況に対する挑戦心を強めた。私たちが経済危機の中でも怯まなかったのは、第一にアジアの経済成長力に対する確信であった。アジアに潜在する経済成長力は、決してクルーグマンがいうような浅薄なものではない。アジアの生産性はまだ遅れているが、次第に加速してきているのではないか。今度の経済危機は経済成長のスピードに社会・経済制度、とりわけ金融制度の整備が追いつかなかった結果であろう。確かに今度の経済危機は重たいが、それらが再整備された後には、新たな経済成長の軌道を回復するに違いない。三年後の二〇〇〇年、ＡＰＵの開学時には多分アジア太平洋は新しい時代を迎えるであろう。これが、当時私たちが心に秘めたことであった。その意味では、「アジア太平洋時代」という「すでに起こった未来」の開花を信じて、私たちは進んだ。

「アジア太平洋時代」への文明論的確信

私自身についていえば、さらに「アジア太平洋時代」の到来を確信させてくれたのは、当時「アジア太平洋時代」について論陣を張っていたアリフィン・ベイ、船橋洋一、寺島実郎といった論者の見解であった。これらの論者から私が得たのは、長期ビジョンに立ったアジア太平洋の骨太な将来展望であった。それは、ＡＰＵのミッションとして掲げた「アジア太平洋の未来創造」とも重なり、私の心を支えた。

この点で、私がまずあげたいのは、インドネシアの外交官で文筆家であったアリフィン・ベイ氏である。氏は早くから「アジア太平洋の時代」を展望し、この新時代の到来に備えて、新しい人材養成の必要を唱えた。

ベイ氏は長く日本で活動された方で、『インドネシアの心』(一九七五年、めこん社)や『アジア太平洋の時代』(中央公論社、一九八七年)という著書で知られている。氏がいろんな機会で書かれた論文を納めた著書『アジア太平洋の時代』をみると、すでに、いくつかの論文(いちばん早いものは、一九八一年に書かれた「『アジア太平洋大学』の構築へ高まる期待」と題された論文)の中で「アジア太平洋の時代」の到来を文明史的に予測しつつ、さらにこの新しい時代に備え、この時代を創造していくような新しい人材の養成が必要であると論じ、そのための拠点として、「アジア太平洋大学」という高等教育機関の構築を提言している。

ベイ氏は、上掲の一九八一年に書かれた論文の中で、次のようにのべて、「アジア太平洋時代」の新しい文明の担い手を教育する大学開設の必要性を説いた。

「『思想における近代主義』と『生活様式における近代化』の所産である現代の西洋文明は、ダニエル・ベルが言うように、『文化的矛盾』を表出するようになった。もし西洋文明がその固有の弱点を露呈するようになったとすれば、その文明の支柱を担ってきた教育体系の抜本的再検討が必要なのではなかろうか。こうした関心が、新しい哲学、従って新しい教育体系を緊急に求める機運を生み出した。『アジア太平洋大学』の設立に対する大きな期待はこのような関心の一つの現われである。」(ベイ、A.、一九八一年、一六五頁)

またこのような事態の緊急性を促している主要な要因として、次の四つを挙げている。

「(1) 西洋のみならず、アジア太平洋地域における思想家の間において、文明の中心が太平洋に移りつつあるという意識が深まっている。(中略)

(2) 西洋、とくにアメリカは、第三世界の将来の指導者達に教育の機会を提供するという点で、その役割を著しく減少させている。(中略)

(3) 太平洋地域、とくにＡＳＥＡＮに連合している東南アジアの国々は、経済発展において目覚しい活力を見せており、当然のことながら多くの専門家や指導者を必要としている。彼らに適正な知恵と技術を教育する機関が緊急に必要とされている。

(4) 先進諸国の専門家達が、発展途上国の国造りというむずかしい仕事を援助するに際して、正しい指導を行おうとすれば、従来以上の広いビジョンをもつことが必要である。彼らは専門分野の如何にかかわらず、物事を『根本的に』、しかも異文化への理解をもって考えることができる専門家とならなければならない。」(同上書、一六五〜六頁)

私はベイ氏の著書から大きな刺激と励ましを受けた。一つは、人類文明の中心は西方に移動し、その結果これからは「アジア太平洋の時代」が到来するという、文明史のマクロな見通しについてである。ここから、今日のアジア太平洋の発展は決して一過的なものではない、新しい文明到来レベルの構造的なものであるという確信を得た。

第二は、ベイ氏が構想していた「アジア太平洋大学」への共感である。氏の「アジア太平洋大学」構想は、大学院大学としてスタートさせることや、まず広域分散型の拠点づくりから準備を始めようとしていたことなど、私たちが構想して推進していたAPUとは細部で考え方の異なるところが多くあった。しかし、基本的な発想は大きく一致するものであった。そしてもっとも驚いたのは、氏は、大学のスタートを「日本で二〇〇〇年」としていたことである。

私はベイ氏の考えにずいぶん勇気づけられた。そのようなことが契機で、ベイ氏との個人的なつき合いも始まった。そして、私たちのAPUは、まさしく二〇〇〇年に開学の運びとなった。これは、ベイ氏にとっても、二〇年来の夢の実現ということになった。ベイ氏がAPUの開設を自分のことのように喜んで下さったことは、いうまでもない。ベイさんは、二〇〇三年までAPUのアカデミック・アドバイザーとして私たちを励まして下さった。残念ながら氏は、二〇〇八年、故国で逝去された。

ベイ氏は一九八〇年代初頭の時期に、「アジア太平洋時代」の到来という「すでに起こった未来」を鋭く読み取り、早い時期にそれへの人材養成的課題を提起した先駆者であった。私自身はベイ氏よりだいぶん遅れてそれに気付き、ベイ氏に理論的にも、また個人的にも励まされてAPU開設を追った。

APU開設準備が佳境に入っていた最中の一九九七年、アジア経済危機に遭遇して周りが一転してアジアの将来に対する悲観論に転じた状況の中で、身近で私の心の支えになったのは、船橋洋一氏と寺島実郎氏の論説であった。それらはいずれも、長期ビジョンに立ったアジア太平洋の骨太な将来展望であり、「アジア太平洋時代」という「すでに起こった未来」に対する確信に満ちた論説であった。それらは、「アジア太平洋時代」到来に対する私の確信を支えた

船橋洋一氏は著書『アジア太平洋フュージョン』(一九九四年)の中で、次のように述べている。

「APECの進展は、アジア太平洋で起こっている巨大な文明的実験の一部分である。」

「経済間の連係は思想のフュージョン(融合)をもたらす。ここでは東洋と西洋の伝統と思想交配させ、新たな文明(「アジア太平洋文明」)が芽生える可能性が広がっている。」

「アジア太平洋はそれぞれの文化の独自性と多様性の余地を十分に残しつつも、文明のレベルで凝縮していくだろう。」(以上、船橋洋一、一九九五年、二一、二七ページ)

船橋洋一氏が『アジア太平洋フュージョン』で示唆した、東西文明の融合による「アジア太平洋文明」の可能性をベースに、私自身は「アジア太平洋時代」の到来を、古代文明に始まる人類文明進化の中心軸の遷移の延長上にこれから展開する可能性のある「アジア太平洋文明」の到来と重ねた。

人類文明は、今から約六、〇〇〇年前にメソポタミア、エジプト、インド、中国の地域で発祥した古代ユーラシア文明(古代四大文明)に端を発し、その後、紀元前六世紀ごろから浮上してきたギ

リシャ、ローマ、アラビアの地中海文明、一八〜一九世紀のヨーロッパ文明、そして二〇世紀のアメリカ文明と、その先端部分を西に遷移させながら今日まで進化してきた。そのような人類文明の進化経路の上に、今アジア太平洋を舞台に、それまでのヨーロッパ文明、アメリカ文明とアジア、ユーラシアにおける長い文明の蓄積が再び融合して新たな文明の進化が起ころうとしている。それが「アジア太平洋時代」の到来であり、二一世紀の「アジア太平洋文明」の可能性である。このように整理して、これを、自分自身の「アジア太平洋時代」到来への確信の支えとしてきた（坂本和一、二〇〇三年、第四章）。

また寺島実郎氏は著書『国家の論理と企業の論理』（一九九八年）の中で、次のように述べて、二一世紀における「アジア太平洋」コンセプトの重要性を説いた。

「一九七〇年代、八〇年代を通じたアジア地域の経済的台頭をテコとして、世界的にアジアへの関心が高まり、しかも米州とアジアをリンクさせた『アジア太平洋』というコンセプトが実体をもちはじめた。概念としての『アジア太平洋』は長いこと存在してきたが、現実の共通利害をもつ地域としての『アジア太平洋』が浮上しはじめたわけである。」（寺島実郎、一九九八、八六ページ）

そのような時代を迎えて、寺島氏は日本からアジア太平洋への発言を支える「知の仕組み」、シンクタンクの必要性を強調し、「アジア太平洋研究所（ＡＰＩ）」構想を具体化しようと呼びかけられた。この構想は今、関西を拠点に展開されようとしている。

二一世紀も一〇年を経た時点に立ってみると、結果は明確で、「アジア太平洋時代」の到来は誰の目にも明らかである。さらにそれも、当時の北東アジア、東南アジア中心の時代から、広くユーラシア大陸に拡がる時代となってきている。

しかし、ＡＰＵ開設を準備していた一九九〇年代はまだ、「アジア太平洋時代」という「すでに起こった未来」を確信するにはそれなりの精神的な努力を必要とする時代であったように思う。

私はそれをＡＰＵ開設という仕事と共に追ってきた。

ＡＰＵ開設は、私にとっては「二一世紀はアジア太平洋時代」という「すでに起こった未来」に賭けた仕事であった。

〔参考文献〕

Drucker, P.F., 1939, *The End of Economic Man*: 上田惇生訳『経済人の終わり』ダイヤモンド社、二〇〇七年

Drucker, P.F., 1942, *The Future of Industrial Man*: 上田惇生訳『産業人の未来』ダイヤモンド社、二〇〇八年

Drucker, P.F., 1946, *Concept of the Corporation*: 上田惇生訳『企業とは何か』ダイヤモンド社、二〇〇八年

Drucker, P.F., 1950, *The New Society? The Anatomy of the Industrial Order*: 現代経営研究会訳『新しい社会と新しい経営』ダイヤモンド社、一九五七年

Drucker, P.F., 1954, *The Practice of Management*: 上田惇生訳『現代の経営』ダイヤモンド社、二〇〇六年

Drucker, P.F., 1954b, The Professional Employee in Industry, General Electric Co., 1954, *Responsibilities of business Leadership: Talks presented at the Leadership Conferences Association Island*

Drucker, P.F., 1957, *The Landmarks Tomorrow*: 現代経営研究会訳『変貌する産業社会』ダイヤモンド社、一九五九年

Drucker, P.F., 1968, *The Age of Discontinuity*: 上田惇生訳『断絶の時代』ダイヤモンド社、二〇〇七年

Drucker, P.F., 1973, *Management: Tasks, Responsibilites, Practices*: 上田惇生訳『マネジメント——課題、責任、実践』ダイヤモンド社、二〇〇八年

Drucker, P.F., 1979, *Adventure of A Bystander*: 上田惇生訳『ドラッカー——わが軌跡』ダイヤモンド社、一九九四年（旧訳書名『傍観者の時代』）

Drucker, P.F., 1985, *Innovation and Entrepreneurship*: 上田惇生訳『イノベーションと企業家精神』ダイヤモンド社、

二〇〇七年
Drucker, P.F., 1988, The Coming of the New Organization, *Harvard Business Review*, Jan.-Feb. 1988: 邦訳「未来型組織の構想」『DIAMOND・ハーバード・ビジネス』一九八八年五月号
Drucker, P.F., 1990, Why My Years with General Motors Is Must Reading, *My Years with General Motors by Sloan*, A. P. Jr., 1990 ed.: 有賀裕子訳『GMとともに』ダイヤモンド社、二〇〇三年、所収「永遠の名著『GMとともに』」
Drucker, P.F., 1993A, *The Ecological Vision*: 上田惇生・佐々木実智男・林正・田代正美訳『すでに起こった未来』ダイヤモンド社、一九九四年
Drucker, P.F., 1993B, *Post-Capitalist Society*: 上田惇生・佐々木実智男・田代正美訳『ポスト資本主義社会』ダイヤモンド社、一九九三年
Drucker, P.F., 1994, The Theory of The Business, *Harvard Business Review*, Sept-Oct. 1994: 邦訳「企業永続の理論」『ダイヤモンド・ハーバード・ビジネス』一九九五年一月号
Drucker, P.F., 2005, *My Personal History*: 牧野洋訳『ドラッカー二〇世紀を生きて——私の履歴書』日本経済新聞社、二〇〇五年

Beatty, J., 1998, *The World According to Peter Drucker*: 平野誠一訳『マネジメントを発明した男ドラッカー』ダイヤモンド社、一九九八年
Bernard, Ch., 1938, *The Functions of the Executive*: 山本安次郎・田杉競・飯野春樹訳『経営者の役割』ダイヤモンド社、一九五六年
Burnham, J., 1941, *The Managerial Revolution*: 武山泰雄訳『経営者革命』東洋経済新報社、一九六五年
ベイ、A.、一九八七年、『アジア太平洋の時代』(小林路義編)、中央公論社

Chandler, A, D, Jr., 1962, *Strategy and Structure*: 有賀裕子訳『組織は戦略に従う』ダイヤモンド社、二〇〇四年
Chandler, A, D, Jr., 1964, *Giant Enterprise—Ford, General Motors, and The Automobile Industry*: 内田忠夫・風間禎三郎訳『競争の戦略』ダイヤモンド社、一九七〇年
Cohen, W.A., 2008, *A Class with Drucker—the Lost Lessons of the World's Greatest Management Teacher*: 有賀裕子訳『ドラッカー先生の授業——私を育てた知識創造の実験室』ランダムハウス講談社、二〇〇八年
Cordiner, R.J., 1956, *New Frontiers for Professional Managers*: 川村欣也訳『これからの経営者』東洋経済新報社、一九五八年
Edersheim, E.H., 2007, *The Definitive Drucker*: 上田惇生訳『P・F・ドラッカー——理想企業を求めて』ダイヤモンド社、二〇〇七年
Fayol, H., 1916, *Administration Indusrielle et Generale*: 山本安次郎 訳『産業ならびに一般の管理』ダイヤモンド社、一九八五年
Follet, M. P., Elliot, F. and Urwick, L. eds., 1941, *Dynamic Administration*: 米田清貴・三戸公訳『組織行動の原理——動態的管理』未来社、一九七二年
船橋洋一、一九九五年、『アジア太平洋フュージョン』中央公論社
General Electric Co., 1951, *Annual Report 1951*
General Electric Co., 1954, *Annual Report 1954*
General Electric Co., 1953, *Professional Management in General Electric*, Book One
General Electric Co., 1955, *Professional Management in General Electric*, Book Two
General Electric Co., 1954, *Professional Management in General Electric*, Book Three
General Electric Co., 1959, *Professional Management in General Electric*, Book Four

General Electric Co., 1954, *Responsibilities of business Leadership: Talks presented at the Leadership Conferences Association Island*

General Electric Co., 1989, *Annual Report 1989*

General Electric Co., 1990, *Annual Report 1990*

Gerstner, L. V., 2002, *Who Says Elephants Can't Dance?—Inside IBM's Historic Turnaround*: 山岡洋一・高遠裕子訳『巨像も踊る』日本経済新聞社、二〇〇二年

Greenwood, R.G., 1974, 2nd ed. 1982, *Managerial Decentrlization*: 斎藤毅憲・岡田和秀訳『現代経営の精髄——GEに学ぶ』文眞堂、一九九二年

Immelt, J.R., 2006, Growth as a Process, *Harvard Business Review*, June 2006: 関美和訳「GE：内部成長のリーダーシップ」『DIAMOND・ハーバード・ビジネス・レビュー』二〇〇六年九月号

井坂康志、二〇〇五年、「P・F・ドラッカー『産業人の未来』における文明と社会——『シュタール論』正当性概念との関連から」東海大学文明研究所『文明』八号

井坂康志、二〇〇六年、「『マネジメント以前』におけるドラッカーの思考様式に関する試論」『鳥取環境大学紀要』四号

Johnson, Th. H. and Broems, A., 2000, *Profit Beyond Measure*: 河田信訳『トヨタはなぜ強いか——自然生命システム経営の神髄』日本経済新聞社、二〇〇二年

Loomis, C. J., 2006, The Tragedy of General Motors, *Fortune*, Feb. 27, 2006

Maddison, A., 1995, *Monitoring the World Economy 1820-1992*: 金森久雄監訳『世界経済の成長史 一八二〇～一九九二年：一九九カ国を対象とする分析と推計』東洋経済新報社、二〇〇〇年。

Maynard, M., 2003, *The End of Detroit*: 鬼澤忍訳『トヨタがGMを越える日』早川書房、二〇〇四年

Mayo, E., 1933, *The Human Problems of an Industrial Civilization*: 村本栄一訳『産業文明の人間問題』日本能率協会、

一九六七年
McCraw, Th. K., 2007, *Prophet of Innovation―Joseph Schumpeter and Creative Destruction.* 八木紀一郎監訳・田村勝省訳『シュンペーター伝――革新による経済発展の予言者の生涯』一灯舎、二〇一〇年
三戸公、一九七一年、『ドラッカー――自由・社会・管理』未来社
三戸公、二〇〇二年、『管理とは何か――テイラー、フォレット、バーナード、ドラッカーを超えて』未来社
中村清、二〇〇一年、『大学改革・哲学と実践――立命館のダイナミズム』日経事業出版社
日本総合研究所編、一九九三年、『生命論パラダイムの時代』ダイヤモンド社
野中郁次郎、一九九〇年、『知識創造の経営』日本経済新聞社
野中郁次郎・竹内弘高、一九九六年、『知識創造企業』東洋経済新報社
野中郁次郎・勝見明、二〇〇四年、『イノベーションの本質』日経ＢＰ社
野中郁次郎・勝見明、二〇〇七年、『イノベーションの作法』日本経済新聞出版社
野中郁次郎・勝見明、二〇一〇年、『イノベーションの知恵』日経ＢＰ社
野中郁次郎・遠山亮子・平田透、二〇一〇年、『流れを経営する――持続的イノベーション企業の動態理論』東洋経済新報社
Rothschild, W.E., 2007, *The Secret to GE's Success.* 中村起子訳『ＧＥ：世界一強い企業の秘密』インデックス・コミュニケーションズ、二〇〇七年
Salamon, L.M. and Anheier, H.K., 1994, *The Emerging Sector.* 今田忠監訳『台頭する非営利セクター――一二ヵ国の規模・構成・制度・資金源の現状と展望』ダイヤモンド社、一九九六年
Schumpeter, J.A., 1912, *Theorie der Wirtschaftlichen Entwickelung.* 塩野谷祐一・中山伊知郎・東畑精一訳『経済発展の理論』(上・下)岩波文庫、一九七七年

Slater, R., 1993, *The New GE*: 牧野昇監訳『GEの奇跡』同文書院インターナショナル、一九九三年

Slater, R., 1994, *Get Better or Get Beaten! -31 Leadership Secrets from GE's Jack Welch*: 仁平和夫訳『進化する経営』日経BPセンター、一九九四年

Slater, R., 1999, *Jack Welch and the GE Way*: 宮本喜一訳『ウェルチ――GEを最強企業に変えた伝説のCEO』日経BP社、一九九九年

Sloan, A. P. Jr.,, 1963, *My Years with General Motors*: 有賀裕子訳『GMとともに』二〇〇三年、ダイヤモンド社

Smiddy, H.F., 1960, Implications for Future Managerial Education, *Paper for Conference on Education for Business*, Crotonville, New York, July 24, 1960

坂本和一、一九九一年、『二一世紀システム――資本主義の新段階』東洋経済新報社

坂本和一、一九九二年、『コンピュータ産業――ガリヴァ支配の終焉』有斐閣

坂本和一、一九九七年、『新版GEの組織革新』法律文化社

坂本和一、二〇〇三年、『アジア太平洋時代の創造』法律文化社

坂本和一、二〇〇六年、「立命館アジア太平洋大学（APU）創設を振り返って――開設準備期を中心に」『立命館百年史紀要』第一四号

坂本和一、二〇〇七年、『大学のイノベーション――経営学と企業改革から学んだこと』東信堂

坂本和一、二〇〇八年、『ドラッカー再発見』法律文化社

下川浩一、一九七七年、『米国自動車産業経営史研究』東洋経済新報社

Tarrant, J. J.,1976, Tarrant, J.J. (1976) *Drucker:The Man Who Invented the Corporate Society*: 風間禎三郎訳『ドラッカー：企業社会を発明した男』ダイヤモンド社、一九九七年

Taylor, F.W., 1911, *The Principles of Scientific Management*: 有賀裕子訳『新訳・科学的管理法』、ダイヤモンド社、

二〇〇九年
寺島実郎、一九九八年、『国家の論理と企業の論理』中公新書
Tichy, N.M. and Sherman, S., 1994, *Control Your Destiny or Someone Else Will*: 小林陽太郎監訳『ジャック・ウェルチのＧＥ革命』東洋経済新聞社、一九九四年
Tichy N.M. with Cohen, E., 1997, *The Leadership Engine:How Winning Companies Build Leaders at Every Level*: 一條和生訳『リーダーシップ・エンジン――持続する企業成長の秘密』日本経済新聞社、一九九九年
トロウ、マーチン、一九七六年、『高学歴社会の大学――エリートからマスへ』(天野郁夫・喜多村和之編・訳)東京大学出版会
Trow, M., 2000, *From Mass to Universal Education*: 喜多村和之編・訳『高度情報社会の大学――マスからユニバーサルへ』玉川大学出版部、二〇〇〇年
上田惇生、二〇〇六年、『ドラッカー入門』ダイヤモンド社
Watson, Th. Jr., 1990, *Father, Son & Co.-My Life at IBM and Beyond*: 高見浩訳『ＩＢＭの息子』新潮社、一九九一年、新版・ダイヤモンド社、二〇〇六年
Wright, J. P., 1979, *On A Clear Day You Can See General Motors*: 風間禎三郎訳『晴れた日にはＧＭが見える』ダイヤモンド社、一九八〇年
山崎清、一九六九年、『ＧＭ』中公新書

著者紹介

坂本　和一（さかもと　かずいち）立命館大学名誉教授・立命館アジア太平洋大学名誉教授・経済学博士（1975年）

□略　歴

1939年　　　石川県に生まれる
1963年3月　京都大学経済学部卒業
1968年3月　京都大学大学院経済学研究科博士課程単位取得
1968年4月　立命館大学経済学部に奉職
この間、1979年7月　ハーバード大学フェアバンク東アジア研究センターおよびニューヨーク大学経済学部で客員研究員（〜1980年9月）
1988年4月　立命館大学教学部長（〜1991年3月）
1994年4月　学校法人立命館副総長・立命館大学副学長
2000年1月　学校法人立命館副総長・立命館アジア太平洋大学学長（〜2004年3月）
2004年4月　学校法人立命館副総長・立命館大学副学長（〜2005年3月）
現在、立命館百年史編纂室顧問

□主要著書

『現代巨大企業の生産過程』有斐閣、1974年（博士学位論文）
『IBM ―事業展開と組織改革』ミネルヴァ書房、1985年（第2回テレコム社会科学賞授賞）
『GE の組織革新』法律文化社、1989年（新版1997年）
『21世紀システム―資本主義の新段階』東洋経済新報社、1991年
『コンピュータ産業―ガリヴァ支配の終焉』有斐閣、1992年
『新しい企業組織モデルを求めて』晃洋書房、1994年
『アジア太平洋時代の創造』法律文化社、2003年
『鉄はいかにしてつくられてきたか―八幡製錬所の技術と組織：1901-1970年』法律文化社、2005年
『大学のイノベーション―経営学と企業経営から学んだこと』東信堂、2007年
『ドラッカー再発見』法律文化社、2008年
『近代製鉄業の誕生』法律文化社、2009年

ドラッカーの警鐘を超えて　　定価はカバーに表示してあります。

2011年11月10日　　初　版第1刷発行　　〔検印省略〕

東京都文京区向丘1-20-6　　郵便振替00110-6-37828　　発行所
〒113-0023　TEL（03）3818-5521　FAX（03）3818-5514　株式会社 東信堂
Published by TOSHINDO PUBLISHING CO., LTD.
1-20-6, Mukougaoka, Bunkyo-ku, Tokyo, 113-0023, Japan
E-mail : tk203444@fsinet.or.jp http://www.toshindo-pub.com

ISBN978-4-7989-0085-8 C3034

東信堂

転換期を読み解く―潮木守一時評・書評集	潮木守一	二六〇〇円
大学再生への具体像	潮木守一	二五〇〇円
フンボルト理念の終焉？―現代大学の新次元	潮木守一	二五〇〇円
いくさの響きを聞きながら―横須賀そしてベルリン	潮木守一	二四〇〇円
大学教育の思想―学士課程教育のデザイン	絹川正吉	二八〇〇円
国立大学法人の形成	大﨑仁	二六〇〇円
国立大学・法人化の行方―自立と格差のはざまで	天野郁夫	三六〇〇円
転換期日本の大学改革―アメリカと日本	江原武一	三六〇〇円
大学の責務	立川明・坂本辰朗・井上比呂子訳 D・ケネディ著	三八〇〇円
大学の財政と経営	丸山文裕	三二〇〇円
私立大学マネジメント	㈳私立大学連盟編	四七〇〇円
私立大学の経営と拡大・再編―一九八〇年代後半以降の動態	両角亜希子	四二〇〇円
ドラッカーの警鐘を超えて	坂本和一	二五〇〇円
大学のイノベーション―経営学と企業改革から学んだこと	坂本和一	二六〇〇円
30年後を展望する中規模大学―マネジメント・学習支援・連携	市川太一	二五〇〇円
もうひとつの教養教育―職員による教育プログラムの開発	近森節子編著	二三〇〇円
政策立案の「技法」―職員による大学行政政策論集	伊藤昇編著	二五〇〇円
改めて「大学制度とは何か」を問う	舘昭	一〇〇〇円
原点に立ち返っての大学改革	舘昭	一〇〇〇円
戦後日本産業界の大学教育要求―経済団体の教育言説と現代の教養論	飯吉弘子	五四〇〇円
韓国大学改革のダイナミズム―ワールドクラス〈WCU〉への挑戦	馬越徹	二七〇〇円
現代アメリカの教育アセスメント行政の展開―マサチューセッツ州（MCASテスト）を中心に	北野秋男編	四八〇〇円
現代アメリカにおける学力形成論の展開―スタンダードに基づくカリキュラムの設計	石井英真	四二〇〇円
アメリカの現代教育改革―スタンダードとアカウンタビリティの光と影	松尾知明	二七〇〇円
アメリカ連邦政府による大学生経済支援政策	犬塚典子	三八〇〇円
大学教育とジェンダー―ジェンダーはアメリカの大学をどう変革したか	ホーン川嶋瑤子	三六〇〇円

〒113-0023 東京都文京区向丘 1-20-6　TEL 03-3818-5521　FAX03-3818-5514　振替 00110-6-37828
Email tk203444@fsinet.or.jp　URL:http://www.toshindo-pub.com/

※定価：表示価格（本体）＋税